Hildegunde Wöller

Die besten Liebesgeschichten der Bibel

Hildegunde Wöller

Die besten Liebesgeschichten der Bibel

Kreuz

Vorbemerkung

Lasst uns einmal blättern in dem alten Buch. Die einen finden es ja langweilig. Andere, insbesondere Juden, sind davon überzeugt, dass fast alles, was zum unruhigen Leben des Menschen gehört, in der Hebräischen Bibel auch schon erzählt wird. Nicht nur das Fromme, nein, tatsächlich das Menschlich-Allzumenschliche. Und da kann man in der Bibel wirklich fündig werden. Sie erzählt selten von Helden, und insbesondere wo es um Liebe und Sex geht, findet man wirklich alles: Leidenschaft und Verrat, Geschäft, Mord und Politik, erschreckende Praktiken und merkwürdige Verwicklungen. Und das alles mit Folgen, die buchstäblich bis heute die Gemüter erregen und bewegen. Fangen wir also einfach an.

Inhalt

Die umstrittenste Liebesgeschichte: Adam und Eva

Da war er also, der aus Lehm Gebildete, der Erdling Adam, und der Schöpfer hauchte ihm seinen Atem ein, sodass er eine lebende Seele wurde: der erste Mensch. Mitten in einen Garten hatte der Schöpfer ihn gesetzt. Ein solcher Garten ist bis heute Idealort und Traum des Menschen, denn Wildnis – Wüste, hohe, von Eis bedeckte Berge, von Sturm umtoste Felsküsten oder gar das offene Meer – ist kein Lebensraum für den Menschen. Der Garten ist sein Habitat. Da entspringen Quellen, aus denen er trinken kann, da wachsen Bäume, von deren Früchten er sich ernähren und in deren Schatten er ruhen kann. Da gedeihen Gräser und Kräuter, da blühen duftende Blumen, über die ein angenehmer Wind weht. Und Tiere gibt es natürlich auch. Viele Tiere, aber keine gefährlichen. Adam konnte sie neugierig betrachten, konnte sie sogar streicheln, mit ihnen spielen und ihnen Namen geben. Ja, er verstand die Sprache der Pflanzen und der Tiere, denn der Geist des Schöpfers wohnte ja in ihm. Adam, so sagt man, war einfach vollkommen in einem vollkommenen Garten. Er konnte sich sogar mit Gott unterhalten, denn dazu war ihm ja der Geist gegeben. Er und Gott, das war wie eine Einheit. – Schön und gut, aber war er damit ein Mensch, wie wir ihn heute verstehen? Ein Wesen mit einer Geschichte, mit einem Schicksal, mit Abenteuer, Gefahr, Mut und Niederlagen? Das wohl nicht, es hätte ja in Ewigkeit so weitergehen können mit dem Adam in seinem Garten, ohne dass wir viel davon wüssten. Aber es kam anders.

Adam hatte eine unbestimmte Sehnsucht, er fühlte sich mitten in seinem wunderbaren Paradies einsam und sagte das seinem Schöpfer. Der sah das ein: »Es ist nicht gut, dass der Mensch allein sei.« So kam es dann zu einer weiteren Schöpfung: Gott ließ Adam schlafen, entnahm ihm eine Rippe und schuf daraus ein weibliches Wesen. Wer hat je gehört, dass ein menschliches Wesen aus einer Rippe gemacht wird? Menschen werden doch von Frauen geboren? Daran merkt man schon, dass an der Geschichte etwas faul ist, und das regt uns ja bis heute so auf daran. Es gibt auch heute Leute, die sagen: Diese Eva, die da gemacht wurde, sei Gottes Entschuldigung für den Erdling Adam, sie erst sei der vollkommene Mensch. Andere meinen: Da sie aus Adams Rippe gemacht wurde, solle der sie immer nahe an seinem Herzen tragen. Gott habe sie ja als seine Gehilfin geschaffen, die ihm Gesellschaft leisten soll. Hübsch gesagt, aber es geht noch um etwas Grundsätzlicheres: Wenn aus dem Einen etwas Zweites wird, kommt eben auch die Entzweiung in die Welt, die Zwietracht, der Zweifel, das Zwielicht. Ob der Schöpfer das bedacht hat? Wir können ihn nicht fragen. Als Adam aufwachte und sah, wer da an seiner Seite war, war er entzückt: »Das ist doch endlich Gebein von meinem Gebein und Fleisch von meinem Fleisch! Sie soll ›Männin‹ heißen, denn vom Mann ist sie genommen!« Da ist sie gleich von Anfang an da, die typisch männliche Überheblichkeit! Kein Respekt vor der anderen, sondern selbstverständlicher Besitzanspruch! Na, er wird ja sehen, was er davon hat! Es gibt Philosophen, die meinen, der ursprüngliche Adam sei androgyn gewesen, männlich und weiblich in einem. Nun aber ist er nur noch männlich und damit auch nicht mehr ganz so weise und gottähnlich. Immerhin: Adam war erst einmal begeistert, er jubelte: endlich ein anderer Mensch meiner Art!

Wie brisant dieses Zwei-Werden aber auch ist, wird schon daran erkennbar, dass es eine dunkle Schattengeschichte zu dieser ersten »Männin« gibt: Nicht Eva, wie sie später von Adam genannt wird, sondern Lilith sei aus seiner Rippe gemacht worden. Und Lilith habe sich gleich von Anfang an als ebenbürtig mit Adam verstanden. So sei sie beim Beischlaf nicht mit der später sogenannten »Missionarsstellung« einverstanden gewesen, sondern habe selbst oben liegen wollen. Da habe sich Adam bei Gott beschwert. Lilith wurde in die Wüste geschickt, geistert aber bis heute in den Träumen der Nachkommen Adams als ihn aussaugendes Schreckgespenst herum.

Apropos Beischlaf: Es ist bis heute umstritten, ob es überhaupt vorgesehen gewesen ist, dass Adam mit seiner »Männin« Beischlaf pflegte. Sie sollte wohl seine Gefährtin sein, aber Sex und Kinderkriegen? Das passte eigentlich nicht ins Paradies. Darum hält sich hartnäckig das Gerücht, das mit der Schlange und der verbotenen Frucht sei doch nichts anderes gewesen als eben Sex, der mit Sünde gleichzusetzen sei. Diejenigen, die das bestreiten und sagen, der Hochmut sei die eigentliche Sünde, das Seinwollen wie Gott, übersehen, dass es den Menschen doch wirklich gottähnlich macht, wenn er als Paar Kinder zeugen und gebären kann.

Andere vertreten die Ansicht, Adam sei einfach zu faul gewesen, er habe seine Gefährtin nicht genug unterhalten. Das kann man sich auch gut vorstellen. Seine weibliche Gefährtin jedenfalls hat sich auch in dem Garten umgesehen, neugierig alles erkundet, was sich da bot. Und da Adam gerne schlief, fand sie es auf die Dauer zu langweilig, ihn anzuhimmeln. Da gab es mitten in diesem Garten einen Baum, oder es waren zwei Bäume, das ist schwer zu entscheiden, aber hier nicht wesentlich. Von den Früchten dieses Baumes, hatte Gott Adam befohlen, solle er nicht essen. Warum? Das wurde nicht gesagt. Aber Eva wollte das doch wissen, und da bekam sie Auskunft von der Schlange, die in diesem Baum saß. Woher, so haben sich nun schon Millionen von Kindern vergeblich gefragt, kam in diesen von Gott doch vollkommen gemachten Garten die böse Schlange? Keine Antwort. Nun, sie war jedenfalls da und mit ihr die zweifelnde Frage: »Davon sollt ihr also nicht essen?« Eva fand gleich eine wesentliche Antwort: »Nein, davon sollen wir nicht essen, sonst müssten wir sterben.« Der gesunde Menschenverstand könnte vermuten, dass diese Früchte also für den Menschen giftig sind. Aber Gift im Paradies? Wieder so eine vertrackte Vorstellung. Die Schlange weiß es besser: »Nein, ihr werdet nicht sterben, sondern wenn ihr davon esst, werdet ihr wie Gott sein und wissen, was gut und was böse ist.« Das macht doch wirklich neugierig! Eva fand die Frucht jedenfalls verlockend, brach sie, teilte sie und gab Adam die Hälfte. Kein Wort davon, dass

Adam Einspruch erhoben oder Eva gar gewarnt und sie daran gehindert hätte! Er aß einfach mit. Verbotene Früchte schmecken ja oft besonders süß. Seither sind sich Männer darin einig, dass Eva die Verführerin zum Sex sei. Wie willenlos, ja bereitwillig sie ihr erliegen, wird einfach übersehen.

Alle Maler dieser Geschichte sind sich darin einig, dass die verbotene Frucht ein Apfel gewesen sei. Davon steht in der Bibel nichts. Der Apfel kommt dadurch ins Bild, dass er ein altes Symbol für die untergehende Sonne und damit für die Hoffnung auf ihre Wiederkehr ist, also auf Unsterblichkeit. Das passt hier gut, weil mit dem Sex nun auch das Sterben zum Thema wird. Zunächst stellt sich aber etwas anderes heraus: Die beiden schämen sich auf einmal voreinander. Wie denn das?

Wenn man sich einem anderen derart preisgegeben, sein Innerstes enthüllt hat, hat man das Bedürfnis, seinen inneren Kern wieder zu schützen, sich zu verhüllen. Jedenfalls brechen sie Blätter von den Bäumen und bedecken ihre Scham, also ihre Geschlechtsorgane. Das Feigenblatt ist seither sprichwörtlich. Damit ist die Geschichte aber nicht zu Ende. Denn nun kommt Gott ins Spiel. In der Abendkühle ging er nach seiner Gewohnheit im Garten spazieren. Das war bisher offenbar Anlass für eine angenehme Unterhaltung zwischen Adam und seinem Schöpfer gewesen. An diesem Tag aber versteckten sich Adam und Eva hinter Büschen, und als Gott nach Adam rief, entschuldigte der sich aus seinem Versteck heraus: »Ich fürchte mich, denn ich bin nackt, darum verstecke ich mich.« Da ahnte Gott Schlimmes: »Wer hat dir gesagt, dass du nackt bist, hast du etwa von dem Baum gegessen, von dem zu essen dir verboten war?« Adam verteidigte sich: »Die Frau, die du mir gegeben hast, hat die Frucht gepflückt und mir zu essen gegeben.« Mit dieser Antwort beginnt das Spiel der Selbstrechtfertigung, das bis heute anhält: Gott ist schuld, die Frau ist schuld, aber ich doch nicht! Im Erfinden von Rechtfertigungen entfalten die Menschen bis heute erstaunlich viel Einfallsreichtum. Eva ist auch nicht um eine Antwort verlegen: »Die Schlange war's!«

Damit ging schlagartig das paradiesische Leben zu Ende. Gott verfluchte die Schlange, sie solle im Staub kriechen, er verfluchte Eva, sie solle ihrem Mann untertan sein und unter Schmerzen Kinder gebären, er verfluchte Adam, er solle im Schweiß seines Angesichts seinen Acker bestellen, der aber mehr Dornen und Disteln als Früchte tragen werde. Und Adam solle wieder zu der Erde werden, aus der er gemacht worden sei.

Damit nicht genug: Gott machte ihnen zwar noch Kleider aus Fellen, vertrieb sie aber aus dem Paradies und stellte Cheruben mit gezückten und flammenden Schwertern vor das Tor, damit sie nicht zurückkehren und etwa noch einmal von den Früchten des Baumes essen, die ihnen ewiges Leben verleihen würden.

Aber eines haben die Menschen aus dem Paradies gerettet: Sie konnten und können einander lieben, sich gegenseitig mit Zärtlichkeit und leidenschaftlichen Wonnen verwöhnen. Und für Verliebte ist das so etwas wie das Paradies. Adam und Eva jedenfalls taten das. Eva bekam jedenfalls Kinder, und Adam nannte sie von da an Eva, Mutter alles Lebendigen. Ihr ältester Sohn fühlte sich leider von Gott vernachlässigt und hasste dafür den jüngeren Bruder. Aber das ist eine andere Geschichte.

Die Rückkehr ins Paradies ist bis heute Traum und Ziel des Menschen. Bei aller Anstrengung ist das bis heute jedoch nicht gelungen. Eva aber wurde und wird bis heute die Schuld an allem zugeschoben, und bis heute gebiert sie auch ihre Kinder unter großen Schmerzen.

Die mythischste Liebesgeschichte: Göttersöhne und Menschentöchter

Bis heute gibt eine Anmerkung in der Bibel unlösbare Rätsel auf: Da wird erzählt, dass die jungen Menschentöchter so schön waren, dass die Göttersöhne sich mit ihnen paarten. Wer die Göttersöhne waren, erfahren wir nicht. Schon vielen Spekulationen hat diese Anmerkung Nahrung gegeben: Waren es etwa Außerirdische, die die Erde besuchten? Oder sind die Engel lüstern geworden? Wie die Menschentöchter das fanden, ist leider keiner Erwähnung wert. Und wenn sie davon Kinder bekamen, was waren das dann für Wesen? Hat die Abstammung von Außerirdischen ihnen außergewöhnliche Fähigkeiten verliehen? Offenbar ja, denn sie wurden zu Riesen, Recken der Urzeit, Hochberühmten, wie die Bibel weiß. Wurden also, wie wir heute sagen würden, in die Gene der Menschheit andere Gene eingekreuzt? Das bleibt ein Geheimnis.

In vielen Kulturen gibt es Legenden von der Paarung übermenschlicher Wesen mit Menschenfrauen, aus denen Kinder mit außergewöhnlichen Fähigkeiten hervorgingen. Die griechischen Göttinnen und Götter haben sich immer wieder menschliche Jungen und Mädchen als Liebhaber gewählt. Die Liebe sprengt eben alle Grenzen. Menschenmänner fühlen sich hingezogen zu Schwanenjungfrauen, Feen oder Nixen. Ebenso geraten Frauen in Ekstase, wenn göttliche Stiere, Delphine, ein Goldregen oder ein Mondmann sie begehren. Eine sublime Linie zieht sich hin bis zu Maria und dem Erzengel Gabriel.

Es hält sich auch die Vermutung, dass die menschliche Liebe, die Berührungen der Haut, die Zärtlichkeit, der Duft der Frauen etwas Einmaliges auf der Erde sind. So einmalig und intensiv, dass Wesen anderer Dimensionen, die keinen Körper mit derart feinen Sinnesorganen haben, die Menschen um ihre Fähigkeit zum Liebeserleben beneiden.

Die problembeladenste Liebesgeschichte: Abraham und Hagar

Die als außergewöhnlich schön gepriesene Fürstin, so lautet der Name Sara, hatte sich bisher vergeblich einen Sohn erhofft. Nun war sie fast aus dem gebärfähigen Alter heraus. Sie empfahl ihrem Mann Abraham: »Da ist meine ägyptische Sklavin Hagar, leg dich zu ihr, damit wir einen Sohn bekommen.«

Wir können uns Hagar als ebenso jung wie anmutig vorstellen. Und auch die Fantasie sei erlaubt, dass Abraham und Hagar durchaus Freude am Liebesspiel hatten. Zwar war Abraham auch schon betagt, aber er war ein wohlhabender Nomadenfürst und hatte etwas von der charismatischen Ausstrahlung eines Gottesmannes. Ein ungleiches Paar also, aber für die Sklavin eben auch eine Ehre. Und als sie nach einiger Zeit schwanger wurde, konnte sie ihren gewölbten Bauch mit Stolz zwischen den Zelten herumtragen. Das wurmte Sara, und sie beklagte sich bei Abraham. Der meinte, das sollten die Frauen unter sich ausmachen. Sara ließ ihren Unmut an

Hagar aus, bürdete ihr schwere Arbeit auf, und Scheltworte gab es noch dazu. Das konnte Hagar nicht mehr ertragen und floh in die Wüste. An einer Quelle in der Wüste erschien ihr ein Engel und tröstete sie. Sie werde einen Sohn bekommen, dem eine große Zukunft bevorstehe. Bis dahin aber sollte sie die Härte ihrer Herrin ertragen. Da kehrte Hagar zurück und bekam einen gesunden Sohn, Ismael, und Abraham war stolz auf ihn. Wie es das Schicksal oder Gott wollte, wurde aber wider Erwarten nun auch Sara schwanger, bekam ihren ersten und einzigen Sohn Isaak und war überglücklich. Als sie dann Isaak und Ismael miteinander spielen sah – Ismael war nicht nur etwas älter, sondern auch kräftig und gut gewachsen, und Isaak machte daneben keine so gute Figur –, brach erneut die Eifersucht aus ihr hervor. Sie lag Abraham in den Ohren: »Schick die Sklavin Hagar mit ihrem Sohn fort, ich will nicht, dass Ismael dich beerbt, das steht allein meinem Sohn Isaak zu.« Abraham hat das gar nicht gefallen, er war stolz auf seinen Sohn Ismael. Aber dem Zorn seiner Frau Sara war er nicht gewachsen.

Noch dazu hat auch sein Gott ihm im Traum deutlich zu verstehen gegeben, dass er auf Sara hören soll. So lud er am nächsten Morgen Hagar Brot und einen Wasserschlauch auf den Rücken, ihren Sohn Ismael dazu und schickte sie fort in die Wüste. Hagar war jung und stark, aber sie wusste keinen Weg durch die Wüste, und als das Wasser im Schlauch zur Neige gegangen und sie vom langen Laufen erschöpft war, warf sie ihren Sohn unter einen Strauch und sich selbst ein Stück weiter auf den Boden, um zu sterben. »Ich kann nicht mit ansehen, wie er vor Durst und Hunger stirbt.« Denn natürlich weinte der Junge, und noch war seine protestierende Stimme kräftig. Sein Weinen wurde im Himmel gehört. Ein Engel sprach zu Hagar: »Steh auf, nimm deinen Sohn und halte ihn fest an der Hand, denn ihr habt eine große Zukunft.« Der Engel zeigte Hagar auch eine Wasserquelle, sodass sie trinken und ihren Wasserschlauch füllen konnte.

So lernte sie, in der Wüste zu überleben, und konnte ihren Sohn heranwachsen sehen und ihn sogar mit einer Frau aus Ägypten verheiraten.

Die Wüste birgt viele Geheimnise. So will man auch gesehen haben, wie Abraham und sein Erstgeborener Ismael später eine lange Wanderung miteinander unternommen haben. Auf dieser Wanderung trafen sie auf jenen geheimnisvollen Himmelsstein, einen Meteoriten, den man heute die Kaaba von Mekka nennt. Ob Abraham bei diesem Anlass auch Hagar getroffen und sich bei ihr entschuldigt hat für sein Verhalten, ist leider nicht überliefert. Aber der Streit, wer denn nun der Erstgeborene Abrahams und damit sein geistiger Erbe sei, ist bis heute nicht zu Ende.

Die unglücklichste Liebesgeschichte: Isaak und Rebekka

Sara war gestorben, und auch Abraham fühlte sein Ende nahen. Da rief er seinen vertrauenswürdigen Knecht Elieser zu sich: »Ich möchte nicht, dass mein Sohn Isaak eine Frau hier aus der Gegend nimmt. Reise nach Syrien, wo ich herstamme, und suche dort eine Frau für ihn.« Elieser musste seine Hand auf Abrahams Gemächt legen und schwören, dies zu tun. Elieser fragte: »Wenn aber die Frau mir nicht folgen will, soll ich dann deinen Sohn nach Syrien zurückbringen?« »Hüte dich, das zu tun«, war Abrahams Antwort. »Gott, der mich hierher geführt hat, wird dir auch einen Engel senden, der dich führt. Und wenn die Frau dir nicht folgen will, dann hast du dein Versprechen trotzdem erfüllt.«

Daraufhin bereitete Elieser seine Brautwerbung vor. Er stellte eine Kamel-Karawane zusammen, belud sie mit allerlei Kostbarkeiten und reiste nach Syrien in die Gegend am Euphrat, von wo Abraham gekommen war. Als er dort ankam, ließ er seine Kamele draußen vor dem Ort an einer Wasserquelle lagern und bat Gott um ein Zeichen: »Wenn die jungen Mädchen aus dem Ort herkommen, um Wasser zu schöpfen, und ich bitte eine von ihnen, mich aus ihrem Krug trinken zu lassen, und sie gibt nicht nur mir zu trinken, sondern bietet auch an, meine Tiere zu tränken, dann soll sie die Erwählte sein.« Da kam schon Rebekka zum Brunnen mit einem Wasserkrug auf der Schulter. Jung war sie und schön, eine Jungfrau. Als sie zur Quelle herabgestiegen war und wieder heraufkam, trat Elieser auf sie zu und bat um Wasser. Sie gab es ihm bereitwillig und bot sogleich an, auch seine Kamele zu tränken, leerte ihren Krug in die Tränkrinne und stieg sofort wieder hinab, um mehr zu schöpfen. Elieser sah ihr stumm zu, nahm dann mehrere goldene Schmuckstücke und schenkte sie ihr. Er bat sie außerdem um ihren Namen und den ihres Vaters und fragte sogleich, ob er bei ihm übernachten könne. Rebekka gab ihm die gewünschte Auskunft und lud ihn ein. Elieser erkannte, dass er entfernte Verwandte Abrahams getroffen hatte, und dankte seinem Gott. Rebekka eilte nach Hause und erzählte ihrer Mutter von dem Fremden. Ihr Bruder Laban sah vor allem den goldenen Schmuck, den sie bekommen hatte, und eilte hinaus, um den Fremden nochmals nachdrücklich einzuladen. Er gab auch den Kamelen Futter und nötigte den Gast zum Essen.

Elieser aber wollte erst seinen Auftrag erfüllen. Er erzählte, wer er war, und davon, wie Abraham zu Wohlstand gekommen war und ihn beauftragt hatte, für seinen einzigen Sohn eine Frau zu finden. Auch gestand er, wie er Gott um ein Zeichen gebeten und Rebekka sich genauso verhalten hatte, wie er es gewünscht hatte. »Und nun, wenn ihr geneigt seid, dem Wunsch Abrahams zu folgen, sagt es mir, wenn nicht, will ich gleich wieder gehen.« Rebekkas Vater zeigte sich beeindruckt, erkannte auch eine höhere Fügung in dem Ganzen und stimmte der Werbung zu. Da war Elieser sehr erleichtert, teilte aus seinen Vorräten noch mehr Schmuck und Geschenke für alle aus, und es wurde ein festlicher Abend.

Am Morgen drängte Elieser zum Aufbruch. Aber die Familie meinte, ein paar Tage solle er doch bleiben, damit man die Tochter richtig ausstatten könne. Als Elieser aber meinte, er wolle ohne Zeitaufschub zu Abraham zurückkehren, riefen sie Rebekka, um ihre Meinung zu erkunden. »Willst du mit diesem Mann ziehen?« Rebekka antwortete: »Ja, ich will.« Da bekam sie ihre Amme mit auf die Reise und die besten Segenswünsche. Elieser aber führte die Karawane unverzüglich nach Süden.

Nach dieser mit orientalischer Erzählfreude ausgeschmückten Brautwerbung ist der Hörer gespannt auf die Begegnung zwischen Rebekka und Isaak. Aber da wird die Bibel auf einmal sehr wortkarg. Nur die Szenerie ist poetisch: Isaak lagerte mit seinen Herden an einem Brunnen und ging am Abend hinaus, um nachzusinnen. Man kann sich die weite Steppe am Nordrand des Sinai in der Abendzeit vorstellen: Der Himmel, der tagsüber in der Hitze fast weiß wirkt, wird nun tiefblau und türkisgrün, und im Westen maisgelb und schließlich orange. Die Luft ist klar, man kann weit blicken. Am Horizont sah Isaak Kamele kommen, lange bevor sie heranrückten. Auch Rebekka sah den einsamen Mann dort stehen und fragte Elieser, wer das sei. »Mein Herr«, war die Antwort, aber damit meinte Elieser nicht Abraham. Da stieg Rebekka vom Kamel und hüllte sich in ihren Schleier. Elieser erstattete Isaak Bericht. »Da führte Isaak Rebekka in sein Zelt, feierte mit ihr die Hochzeitsnacht und gewann sie lieb.« Der Nachsatz dazu aber stimmt nachdenklich: »So tröstete sich Isaak nach dem Tod seiner Mutter.« Nach heutigen Erkenntnissen bekommt es einer Beziehung nicht gut, wenn der Mann in seiner Frau einen Mutterersatz sieht. Und was man vom weiteren Fortgang dieser Ehe erfährt, weist darauf hin, dass sie nicht gerade ein entspanntes Liebesleben geführt haben. Jahrelang blieb der Kindersegen aus, und das galt damals als besonders schwerwiegend. Isaak bat schließlich Gott um den heiß ersehnten Sohn und Erben. Als Rebekka schließlich schwanger wurde und die Bewegungen in ihrem Leib nicht deuten konnte, hatte sie erhebliche Ängste. So stark, dass sie ein Orakel aufsuchte. Denn, so sagte sie sich, »wenn es nicht gut geht, warum lebe ich dann überhaupt?«. Das Orakel konnte sie beruhigen: Sie würde nicht nur einen, sondern gleich zwei Söhne bekommen, unter denen werde es allerdings Feindschaft geben. Und als ihre Zeit kam, wurde als Erster Esau geboren, als Zweiter Jakob. Eineiige Zwillinge waren es aber nicht, im Gegenteil: Sie waren sehr verschieden in Aussehen und im Charakter. Als sie heranwuchsen, stellte sich heraus, dass Isaak und Rebekka uneins waren, was ihre Söhne betraf. Isaak schätzte den eher wilden Esau, der gern auf die Jagd ging und im Übrigen ein Draufgänger war, während Rebekka den Jakob liebte, der bei den Zelten blieb, das heißt, sich um die Herden kümmerte. Die Rivalität, die sich zwischen Esau und Jakob entwickelte, ist eine eigene Geschichte. Als Isaak alt und blind geworden war, hat Mutter Rebekka jedenfalls einen Betrug eingefädelt, durch den ihr Lieblingssohn Jakob den Segen des Vaters bekam, der eigentlich dem Erstgeborenen Esau zustand. Eindrucksvoll ist das Gespräch zwischen ihr und Jakob, der zögerte, auf die Vorschläge seiner Mutter einzugehen, um seinen Vater zu betrügen, und fürchtete, einen Fluch auf sich zu laden anstelle eines Segens. Die entschlossene Mutter Rebekka ermutigte ihn: »Der Fluch komme auf mich, mein Sohn!« Als Jakob den Segen bekommen hatte und Esau merkte, dass er leer ausgegangen war, drohte er, seinen Bruder zu ermorden. Er wollte nur warten, bis der Vater gestorben war. Rebekka erfuhr davon und fasste einen Plan: Jakob sollte fortgehen für einige Zeit. Sie wusste auch, wohin. Sie sandte Jakob dorthin, wo sie hergekommen war, zu ihrem Bruder Laban nach Syrien. Der Fluch, den sie auf sich genommen hatte, bestand darin, dass sie ihren Lieblingssohn zu ihren Lebzeiten nicht wiedersah und sich noch dazu mit den Frauen abfinden musste, die Esau mitbrachte und die sie nicht leiden mochte.

Aus alldem ist zu schließen, dass Rebekka nicht gerade eine glückliche Ehe geführt hat. Bis heute aber ehren die Israeliten gerade die Mütter, und nur die Geburt durch eine jüdische Frau macht einen Juden zum Mitglied des auserwählten Volkes.

Die folgenreichste Liebesgeschichte: Jakob und Rahel

Jakob hatte mit Hilfe seiner Mutter Rebekka den Segen seines Vaters Isaak erschlichen und dafür den Zorn seines Bruders Esau auf sich geladen, der sich mit Mordabsichten trug. Seine Mutter hatte ihm zur Flucht geraten, er sollte zu ihrem Bruder Laban nach Syrien gehen. Unterwegs in Bethel hatte er den unvergleichlichen Traum von Engeln, die zu ihm vom Himmel herabstiegen, und er hörte die Stimme Gottes, der ihn segnete. Nachdem seine Wanderung ihn nach Syrien geführt hatte, traf er auf Hirten, die ihre Herden um einen Brunnen versammelten. Gegen Abend wurden dort die Herden getränkt. Ein schwerer Stein lag auf dem Brunnen, den nur mehrere Männer gemeinsam abheben konnten, damit keiner der Hirten das Wasser allein verbrauchte.

Jakob fragte sie, ob sie Laban kennen und wie es ihm gehe. »Ja, wir kennen ihn, und es geht ihm gut. Da kommt seine Tochter Rahel mit ihrer Herde, die kannst du direkt fragen.« So also die Szenerie für das, was man Liebe auf den ersten Blick nennt. Als Jakob Rahel sah, vollbrachte er den unglaublichen Kraftakt, den Stein allein vom Brunnen zu wälzen, damit Rahel und ihre Herde als Erste zur Tränke konnten. Dann umarmte er Rahel und gab sich ihr als Verwandter zu erkennen. Rahel lief zu ihrem Vater und berichtete ihm von der Begegnung. Da lief Laban Jakob entgegen und führte ihn in sein Zelt. Dort erzählte Jakob, und Laban überzeugte sich davon, dass er Rebekkas Sohn war. Laban erkannte auch, dass Jakob ein fähiger Hirte war, und bot ihm an, zu bleiben und für ihn zu arbeiten. Was er für einen Lohn erwarte? Nun hatte Jakob sich auf den ersten Blick in die schöne Rahel verliebt und bot an, sieben Jahre für Laban zu arbeiten. Sein Lohn solle Rahel sein. So wurde es abgemacht, und Jakob kamen die sieben Jahre wie ein paar Tage vor, so freute er sich auf die Hochzeit mit Rahel. Als die sieben Jahre um waren, erinnerte er Laban an sein Versprechen. Die Hochzeit wurde vorbereitet und gefeiert, und am Abend führte Laban seine verschleierte Tochter selbst in Jakobs Zelt. Jakob feierte die Hochzeitsnacht, doch wie groß war sein Entsetzen, als er am Morgen sah, dass er nicht Rahel in seinen Armen hielt, sondern ihre ältere Schwester Lea, die viel weniger ansehnlich war! Empört stellte er Laban zur Rede. Der gab die lakonische Auskunft, es sei nun einmal nicht üblich, die jüngere Tochter vor der älteren zu verheiraten, er solle mit Lea die Festwoche vollenden, dann bekäme er auch Rahel. Aber dafür müsse Jakob ihm noch einmal sieben Jahre dienen.

Was sollte Jakob tun? Da er Rahel liebte und haben wollte, ging er auf das üble Spiel ein, und so wurde gleich anschließend die nächste Hochzeit gefeiert.

Nun hatte Jakob also zwei Frauen, aber geliebt hat er immer nur Rahel. Arme, unattraktive Lea! Natürlich musste Jakob auch immer wieder eine Nacht in ihrem Zelt verbringen, das gehörte sich so. Jedenfalls gebar Lea ihm einen Sohn nach dem anderen, immer in der Hoffnung, dadurch die Liebe Jakobs gewinnen zu können, doch das war vergebens. Rahel aber, die geliebte Frau, wurde nicht schwanger. Darüber kam es zum Streit, denn sie verlangte von Jakob: »Schaffe mir Kinder, sonst sterbe ich!« In seiner Ohnmacht wurde Jakob zornig: »Bin ich denn Gott, dass ich darauf Einfluss hätte?« Lea, als sie nicht mehr schwanger wurde, gab Jakob eine Magd, und die gebar ihm Söhne, und auch Rahel wusste sich keinen anderen Rat, als dasselbe zu tun. So wuchs die Familie Jakobs, aber die Beziehung unter den Schwestern war alles andere als freundlich. Sie stritten tagsüber sogar darum, in welchem Zelt Jakob übernachten sollte. Da, nach Jahren, wurde Rahel doch schwanger und gebar Josef, und dieser Sohn blieb für immer der Liebling Jakobs. Jakob fand es nun an der Zeit, zurück in seine Heimat zu gehen. Doch sein Schwiegervater Laban wollte ihn nicht gehen lassen, denn seit Jakob bei ihm war, hatten sich seine Herden um ein Vielfaches vermehrt, und wo Erfolg ist, stellt sich auch noch Neid ein, sodass die Beziehung zwischen Jakob und Laban sehr abkühlte. Jakob zeigte sich dem listigen Laban aber nun gewachsen. Er sorgte dafür, dass seine eigenen Herden sich noch mehr vermehrten als Labans, und als er seine Frauen fragte, ob sie mit ihm ziehen wollten, waren sich die Schwestern auf einmal einig, dass sie ihren Vater verlassen und Jakob folgen wollten. So zog Jakob denn mit Frauen, Nebenfrauen und Kindern, mit seinen Herden und den zugehörigen Hirten nach Süden. An der Furt des Flusses Jabbok musste er dann aber mit einem Flussdämon kämpfen und bekam danach den Beinamen Israel, nämlich Gotteskämpfer. Es gelang ihm sogar, sich mit seinem Bruder Esau zu versöhnen.

Aber dann ereilte ihn das Unglück: Rahel war wieder schwanger und hatte eine so schwere Entbindung, dass sie den Sohn, der zur Welt kam, Ben-oni, Sohn meines Schmerzes, nannte. Mit einem solchen Namen wollte Jakob seinen Sohn nicht ins Leben schicken, er nannte ihn um in Ben-jamin, Sohn des Glücks. Rahel aber überlebte diese Entbindung nicht, und Jakob errichtete ein großes Grabmal für sie. Die Söhne Rahels, Josef und Benjamin, blieben bis an sein Lebensende das Kostbarste für Jakob. Die Namen der Söhne Jakobs, der nun Israel hieß, sind die Namen der zwölf Stämme Israel. Und die Bibel betont, dass die Ahnfrauen der Israeliten, also Sara, Rebekka, Lea und Rahel, keine Töchter der Kanaaniter gewesen sind, sondern aus Syrien stammten, woher auch Abraham gekommen war.

Die tödlichste Liebesgeschichte: Dina und Sichem

Bis heute mögen es jüdische Familien nicht, wenn ihre Töchter Nichtjuden heiraten. Eine ziemlich grausige Geschichte erzählt davon. Dina, die einzige Tochter von Jakob und Lea, ging in der neuen Umgebung, in die ihre Eltern gezogen waren, spazieren und suchte Kontakt zu den anderen Mädchen des Landes. Da wurde Sichem, der Sohn eines Großfürsten, auf das schöne Mädchen aufmerksam und wurde von solcher Leidenschaft ergriffen, dass er sie geradezu vergewaltigte. Dabei wollte er es aber nicht belassen, denn er liebte Dina und versprach, sie zu heiraten. Er bat auch gleich seinen Vater Hemor, den Großfürsten, bei dem Nomadenfürsten Jakob um die Hand seiner Tochter zu bitten. So ganz unpassend wäre die Verbindung nicht gewesen. Jakob schwieg aber zunächst zu dem Antrag. Als aber seine Söhne, inzwischen schon junge Männer, von der Vergewaltigung ihrer Schwester erfuhren, waren sie sehr aufgebracht. Hemor versuchte, sie für die Heirat seines Sohnes zu gewinnen: »Mein Sohn Sichem liebt sie wirklich. Verschwägert euch mit uns, siedelt euch hier an, ihr könnt auch die Töchter meiner Familie heiraten.« Sichem versprach ihnen noch dazu einen fürstlichen Brautpreis. Die Söhne Jakobs gingen schließlich zum Schein darauf ein, machten aber zur Bedingung, dass Sichem und seine Männer sich beschneiden lassen müssten, denn einem Unbeschnittenen könnten sie ihre Schwester nicht zur Frau geben. Aus Liebe zu Dina ging Sichem auch auf diese Bedingung ein. Sein Vater und er bewogen alle anderen Männer ihrer Stadt, sich der Beschneidung zu unterziehen, um die Fremden für sich zu gewinnen und zum Bleiben zu bewegen. So wurde es getan, und alle litten danach unter Schmerzen. Das machten sich die Söhne Jakobs zunutze, griffen sie an und töteten Hemor, Sichem und alle ihre Männer. Ihre Schwester Dina nahmen sie mit. Was Dina zu dem allem meinte, wie es ihr danach ging und was aus ihr wurde, ist leider nicht überliefert.

Die verzweifeltste Liebesgeschichte: Josef und die Frau des Potiphar

Geradezu sprichwörtlich ist die Keuschheit Josefs, der verfolgten Unschuld. Jakob bevorzugte Josef, den Sohn seiner Lieblingsfrau Rahel, vor allen anderen Söhnen und ließ ihm extra einen schönen Rock anfertigen. Natürlich waren seine Brüder nicht gut auf ihn zu sprechen. Als Josef seinen Brüdern eines Tages von einem Traum erzählte, wonach er wie eine Sonne war, vor der sich der Mond und alle Sterne verneigten, steigerte sich ihre Eifersucht zu Hass.

Sie gedachten ihn umzubringen, und weil sie das doch nicht fertigbrachten, verkauften sie ihn an eine Karawane von Sklavenhändlern. Ihrem Vater erzählten sie, ein wildes Tier habe ihn zerrissen, und stürzten Jakob dadurch in tiefe Trauer. So kam Josef nach Ägypten und wurde auf dem Sklavenmarkt zum Kauf angeboten. Ein hoher Beamter des Pharao, Potiphar, erwarb ihn für seinen Haushalt. Er erkannte bald, dass Josef, der sehr gut aussah, auch begabt war für alles, was ihm aufgetragen wurde, und machte ihn bald zum

Verwalter seines gesamten Haushalts, eine beispiellose Karriere also. Aber Potiphar hatte auch eine Frau, offenbar eine gelangweilte Ehefrau, weil ihr Mann oft unterwegs war. Die warf ein Auge oder auch zwei auf den schönen Verwalter und versuchte mit ihm anzubändeln. Josef, ganz korrekter Angestellter, verweigerte ihr jede Intimität. Aber ausweichen konnte er ihr im Haus ja kaum, und die Frau des Potiphar ließ mit ihrem Werben nicht nach. Das ging so einige Zeit, und eines Tages, als niemand sonst im Haus war, zerrte sie ihn geradezu auf ihr Lager, und Josef konnte ihr nur entfliehen, indem er sogar sein Obergewand zurückließ. Bekanntlich ist eine abgewiesene Frau gefährlich. Sie rief ihr Hausgesinde zusammen, wies den anderen Josefs Gewand vor und behauptete, er habe sie vergewaltigen wollen. Und als Potiphar nach Hause kam, erzählte sie ihm dieselbe Lügengeschichte. Natürlich war Potiphar zornig und ließ Josef ins Gefängnis werfen, wo der hebräische Sklave für den Rest seines Lebens vergessen werden konnte. Nur die Träume haben ihn nicht im Stich gelassen. Als Traumdeuter kam er nach Jahren zu Ehren, und es bewahrheitete sich sogar der Traum, mit dem er seine Brüder so gegen sich aufgebracht hatte. Aber das ist eine andere Geschichte.

Die blutigste Liebesgeschichte: Mose und Zippora

Das Leben des Mose ist derart in mythischen Glanz getaucht – angefangen bei der Aussetzung des Säuglings in einem Schilfkörbchen auf dem Nil über den Durchzug der flüchtenden Israeliten durch das Rote Meer unter seinem hochgereckten Stab bis zu der gewaltigen Gottesoffenbarung auf dem Sinai, bei der er als Einziger dem Rauch und Feuer nahe war, und der Wüstenwanderung bis ins Gelobte Land –, dass das, was man sein Privatleben nennen könnte, kaum beachtet wird. Aber ein wenig davon hat sich in der Tradition erhalten. Nach der Legende wurde er in seinem Schilfkörbchen, das ihn vor den Verfolgern des Pharao bewahren sollte, ausgerechnet von der Tochter des Pharao gefunden und offenbar an ihrem Hof aufgezogen. Was ihn bewogen hat, als junger Mann doch einmal nach seinen Volksgenossen, den hebräischen Sklaven des Pharao, zu sehen, bleibt der Fantasie überlassen. Als er sah, wie ein ägyptischer Aufseher einen der hebräischen Sklaven auspeitschte, tötete er den Aufseher und verscharrte ihn im Sand. Er glaubte sich dabei unbeobachtet. Wenige Tage später war er wieder einmal unter den Sklaven und kam dazu, als zwei von ihnen sich stritten und aufeinander losgingen. Da ging er dazwischen und schalt sie. Aber einer der Streithähne fuhr ihn an: »Wer hat dich denn zum Richter über uns gemacht, willst du mich auch töten wie den ägyptischen Aufseher?« Da bekam Mose einen Schreck: Sein Mord war also doch bekannt geworden! Die Tat wurde auch dem Pharao gemeldet, nun war es nur noch eine Frage der Zeit, bis man Mose fand und ihn hinrichtete. Da ergriff er schleunigst die Flucht und ging in die Wüste, auf den Sinai. Dort lebte damals ein Nomadenvolk, die Midianiter. Eines Abends rastete Mose an einem Brunnen. Dort gab es fast jeden Tag Streit darüber, welche Hirten als Erste ihre Herden tränken durften. Die männlichen Hirten setzten sich meistens gegen die weiblichen durch. Die sieben Töchter des Priesters Jethro jedenfalls mussten immer warten, bis alle anderen an der Tränke waren, und dann nehmen, was übrig blieb. Als Mose beobachtete, wie die Hirten die Mädchen wegscheuchten, erhob er sich, wehrte sie ab und half den Mädchen, ihre Herden zu tränken. An diesem Tag kehrten die Mädchen früher als sonst zu ihrem Vater zurück. Der freute sich und fragte sie verwundert, wieso sie schon da waren. Da erzählten sie ihm von einem Ägypter, der ihnen geholfen hatte. Jethro fragte, warum sie ihn nicht eingeladen hätten. »Ruft ihn her, damit er an unserem Mahl teilnimmt!« So kam Mose zu Jethro, und der bot ihm an zu bleiben. Um Mose an sich zu binden, bot er ihm auch eine seiner Töchter zur Frau an, Zippora. Die gebar ihm bald einen Sohn. So kam es, dass Mose Schafe hütete bei seinem Schwiegervater Jethro, der auch ein Priester der Midianiter war. Dort hatte er dann das folgenschwere Erlebnis mit dem Engel, der ihn aus einem brennenden Dornbusch anredete und ihm den Auftrag gab, die hebräischen Sklaven aus der Knechtschaft des Pharao zu befreien. Sowenig Mose sich das auch zutraute, der Engel duldete keine Ausrede. So ging er denn zu Jethro und sagte ihm, er wolle nach Ägypten zurückkehren und nach seinen Brüdern sehen. Jethro verabschiedete ihn mit seinem Segen. Da setzte Mose seine Frau Zippora und ihr Kind auf einen Esel und zog mit ihnen Richtung Ägypten. Unterwegs machten sie Rast.

Mitten in der Nacht geschah dann etwas Unheimliches: Ein finsterer Engel erschien, um Mose zu töten. Während Mose offenbar ohnmächtig war gegenüber dem Todesdämon, ließ seine Frau sich nicht von Angst lähmen. Ebenso entschlossen wie kompetent beschnitt Zippora ihren Sohn und berührte mit dem blutigen Zipfel den Penis von Mose mit den Worten: »Ein Blutbräutigam bist du mir.« Da wich der finstere Engel von ihnen. In dieser Nacht hat das ganze Rettungswerk, zu dem Mose ausersehen war, buchstäblich auf Messers Schneide gestanden. Und es war die Priestertochter Zippora mit einer rätselhaften Blutmagie, die ihren Mann gerettet hat. Was später aus Zippora und ihrem Sohn wurde, ist nicht bekannt.

Die gefährlichste Liebesgeschichte: Simson und Delila

Man sagt ja, der Name Simson sei verwandt mit dem hebräischen Wort für Sonne, und der Name Delila erinnert an das hebräische Wort für Nacht. Vielleicht geht es bei dieser Geschichte darum, dass die Strahlen der Sonne von der Nacht verschlungen werden. Aber die Erzählung von den beiden klingt viel brisanter.

Simson war von Geburt an etwas Besonderes. Kein Geringerer als ein Engel hatte der lange Jahre unfruchtbaren Frau des Manoah einen Sohn angekündigt. Manoah meinte sterben zu müssen, als er den Engel zu sehen bekam, aber seine Frau freute sich viel zu sehr auf ihr Kind, um sich solche Sorgen zu machen. Keinen Wein sollte sie trinken und nichts Unreines essen während ihrer Schwangerschaft, hatte der Engel ihr eingeschärft, und ihrem Sohn sollten niemals die Haare geschnitten werden. Als Simson herangewachsen war, war er groß wie ein Baum, unglaublich stark und ein Ausbund an Abenteuerlust. Und da sein Volk von den Philistern bedrängt war, suchte er geradezu die Auseinandersetzung mit ihnen. Mit Vorliebe nahm er sich Mädchen der Philister als Geliebte, denn sein sexueller Appetit war groß, und wenn es darüber zum Streit kam, machte es ihm Vergnügen, durch List und übermenschliche Kraft viele von ihnen zu erschlagen. Was immer sie gegen ihn unternahmen, er kam immer davon, indem er ganze Stadttore aushob oder seine Fesseln sprengte.

Eines Tages machte er eine schöne Frau der Philister, Delila, zu seiner Geliebten. Als die Obersten der Philister das herausfanden, versprachen sie Delila viel Geld, wenn sie aus ihm herausbekäme, worin die Magie seiner übermenschlichen Stärke bestünde. Delila ging darauf ein, und als Simson bei ihr lag, bat sie ihn: »Sage doch, wodurch deine Kraft so groß ist und womit man dich fesseln muss, um dich zu halten.« Simson scherzte mit ihr: »Man muss mich mit sieben frischen Darmsaiten fesseln, die noch nicht trocken sind.«

Die Oberen der Philister brachten Delila sieben frische Darmsaiten, und als Simson das nächste Mal, gesättigt vom Liebesspiel, in ihren Armen schlief, band sie ihn mit den frischen Saiten. Die Philister lauerten schon hinter der Tür. Als Delila Simson weckte mit dem Ruf »Die Philister sind da!«, sprang er aber auf und warf die

Fesseln ab. Die Philister machten sich davon. Aber Delilas Reize waren für Simson offenbar immer noch groß, jedenfalls kam er wieder zu ihr. Delila empfing ihn auch freundlich, aber dann lag sie ihm wieder in den Ohren: »Du hast mich das letzte Mal belogen, nun sage mir doch: Womit kann man dich binden?« Simson dachte sich etwas Neues aus und vertraute ihr an: »Wenn man mich mit Stricken bindet, die noch ganz neu sind, dann kann ich mich wie jeder andere Mann nicht aus ihnen befreien.« Delila sagte das den Philistern, die ihr auch gleich solche Stricke besorgten, und das Spiel wiederholte sich. Delila schlief mit Simson, dann fesselte sie ihn mit den Stricken, und als sie Simson weckte, während die Philister sich schon auf ihn stürzten, zerriss er die Stricke wie Bindfäden. Offensichtlich liebte Simson die Gefahr, er kam wieder zu Delila. Und als sie ihm erneut klagte, er habe sie nun schon zweimal belogen, gab er scheinbar nach: Man müsse seine Locken auf einen Webstuhl flechten und mit einem Pflock feststecken. Als er dann schlief, nahm Delila ihren Webstuhl und flocht Simsons Locken hinein. Doch wieder war es nichts: Als die Philister kamen, riss Simson seine Locken samt Webstuhl heraus. Doch erneut trieb es Simson zu Delila, und sie setzte ihm mit ihren Klagen zu: »Dreimal hast du mich nun schon belogen. Wie kannst du sagen, dass du mich liebst, während du mir doch nicht vertraust?« Ihr andauerndes Reden und Schmeicheln und Klagen wurde Simson zu viel. Nun gab er sein Geheimnis preis: Noch niemals seien seine Haare geschnitten worden, darin liege seine Kraft. Delila spürte, dass er ihr diesmal die Wahrheit gesagt hatte, und sandte Nachricht an die Obersten der Philister: »Kommt, denn diesmal hat er mir sein Geheimnis verraten.« Da kamen die Philister und brachten auch das vereinbarte Geld mit, das Delila zu einer reichen Frau machen würde. Und als Simson auf ihrem Schoß eingeschlafen war, ließ sie ihm die Haare abschneiden, und dann weckte sie ihn. Simson glaubte beim Aufwachen, er könne sich wie die anderen Male losmachen, aber diesmal nützte es ihm nichts: Die Philister nahmen ihn fest und stachen ihm die Augen aus. Er wurde in Fesseln ins Gefängnis gebracht und musste dort die Mühle drehen, das heißt den ganzen Tag im Kreis herumgehen und dabei einen schweren Balken schieben, der einen Mühlstein bewegte. Doch seine Qualen waren damit noch nicht zu Ende: Als die Philister sich zu einem Fest in ihrem Tempel versammelten, ließen sie Simson vorführen, um sich an dem Anblick des blinden Riesen zu erfreuen, den sie in ihre Gewalt gebracht hatten. Sie achteten nicht darauf, dass Simsons Haare wieder gewachsen und damit seine unbändigen Kräfte zurückgekehrt waren. Simson umspannte die Säulen des Tempels und riss sie ein. Da begrub das Dach des Tempels alle Festgäste und ihn mit. So wurde er der erste Selbstmordattentäter.

Die netteste Liebesgeschichte: Ruth und Boas

Angefangen hat sie mit Hungersnot, Krankheit und Trauer. Naemi und ihr Mann waren während einer Hungersnot von Bethlehem nach Moab ausgewandert, um sich und ihre beiden Söhne durchzubringen. Als die Söhne erwachsen waren, heirateten sie moabitische Mädchen. Aber dann raffte eine Krankheit den Mann der Naemi und ihre beiden Söhne dahin. Frauen ohne den Schutz eines Mannes oder ihrer Familie waren rechtlos und konnten nicht überleben. Darum empfahl Naemi ihren jungen Schwiegertöchtern Orpa und Ruth, zu ihren Herkunftsfamilien zurückzukehren, sie selbst wollte in ihre Heimat ziehen. Orpa verabschiedete sich mit vielen Tränen, Ruth aber wollte Naemi nicht von der Seite weichen.

Ihre Worte zu der älteren Frau werden bis heute gern bei Trauungen verwendet: »Verlange nicht von mir, dass ich dich verlasse. Wo du hingehst, da will ich auch hingehen, und wo du wohnst, da wohne ich auch. Dein Volk soll mein Volk sein und dein Gott auch mein Gott.« So kamen die beiden nach Bethlehem und sorgten füreinander, so gut es ging, denn sie waren arm. Zu den Frauen in Bethlehem, die sie wiedererkannten, sagte Naemi: »Nennt mich nicht mehr Naemi, die Liebliche, heute bin ich Mara, die Verbitterte.« Als nun die Getreideernte begann, schlug Ruth vor, sie wolle Ähren lesen gehen.

Es traf sich, dass sie dabei auf die Felder eines ebenso wohlhabenden wie ehrenwerten Bauern geriet, der hieß Boas. Als der nach seinen Schnittern sah und die junge Frau so fleißig beim Ährenlesen entdeckte, sprach er sie freundlich an und empfahl ihr, sich weiterhin an seine Schnitter zu halten, die würden ihr nichts Böses tun, und sie dürfe auch aus den Wasserkrügen trinken, die seine Mägde bereithielten. Ruth bedankte sich bei ihm und fragte erstaunt, warum er so gütig zu einer Ausländerin wäre. Da stellte sich heraus, dass er recht gut Bescheid wusste über Naemis trauriges Schicksal und Ruths Treue zu ihr. Er lud sie auch zu dem Imbiss ein, den seine Schnitter bekamen. Und bevor er ging, beauftragte er seine Schnitter, ab und an ein paar Halme extra für sie liegen zu lassen. Am Abend berichtete Ruth ihrer Schwiegermutter beglückt, wie gut es für sie gelaufen war, und brachte ihr sogar noch etwas von dem Essen, das bei den Schnittern übrig geblieben war. Naemi hörte sehr aufmerksam zu, denn sie wusste, dass sie mit Boas um ein paar Ecken herum verwandt war. Sie empfahl Ruth, dem Rat und der Einladung von Boas zu folgen, solange die Getreideernte weiterging. So las Ruth Gerste und Weizen und brachte einiges nach Hause zu Naemi. Dann kam die Zeit, in der das Dreschen anstand, eine schwere und staubige Arbeit für die Männer, die danach kräftig aßen und tranken und danach gleich auf der Tenne einschliefen. Naemi wusste davon und hatte auch einen Plan. Sie sagte zu Ruth: »Wasche und salbe dich und zieh dein bestes Kleid an. Geh zur Tenne und achte darauf, wo Boas sich zum Schlafen hinlegt. Und wenn er eingeschlafen ist, hebe seine Decke auf und lege dich neben ihn. Er wird dir dann schon sagen, was du tun sollst.« Ruth befolgte Naemis Rat, und so kam es, dass Boas um Mitternacht nach einem lustvollen Traum aufwachte und erschreckt feststellte, dass wirklich eine Frau neben ihm lag. »Wer bist du?« Ruth gab ihm Auskunft, wer sie war, und bat, er solle die Decke wieder über sie breiten. Boas zeigte sich beglückt: »Du bist wirklich ein liebenswertes Mädchen! Nicht den jungen Männern bist du nachgelaufen, sondern mir zeigst du deine Zuneigung! Nun hab keine Angst, ich werde für dich sorgen! Jetzt schlafe nur weiter bei mir.« Am Morgen, bevor es hell wurde, schickte er sie aber weg, damit niemand sie bemerkte, und gab ihr noch Getreidekörner mit, so viel sie in ihrem Umhang tragen konnte. Am folgenden Tag machte er auch gleich Nägel mit Köpfen, verhandelte mit den anderen Männern von Bethlehem über den Rechtsstatus von Naemi und damit auch über das Erbe ihres verstorbenen Mannes und erklärte dabei vor allen Zeugen, dass er Ruth heiraten werde. Nachdem das geregelt war, nahm er Ruth zur Frau, und als Ruth einen Sohn gebar, fühlte sich auch Naemi wieder als eine Liebliche, der junge Obed wurde ihr heiß geliebter Enkel. Obed wurde übrigens der Vater von Isai, dessen Sohn David war. Und die Ausländerin Ruth taucht im Stammbaum Jesu auf als eine seiner Vorfahrinnen. Was aber in jener Nacht auf der Tenne wirklich geschah, bleibt das Geheimnis von Ruth und Boas.

Die gefühlvollste Liebesgeschichte: David und Jonathan

Eine Liebe unter Männern? Nun, jedenfalls wird die Beziehung zwischen Jonathan und David mit mehr Gefühl geschildert als in der Bibel sonst üblich.

Jonathan war der Erstgeborene König Sauls und wurde sehr wahrscheinlich von Kind an auf seine Rolle als künftiger König vorbereitet. Das bedeutete damals vor allem, dass er eine militärische Karriere zu machen hatte. Jonathan zeigte schon früh, dass er seinen eigenen Kopf hatte; mehrfach setzte er sich auf Feldzügen über eindeutige Befehle seines königlichen Vaters hinweg, aber wenn der König ihn strafen wollte, trat das ganz Heer für ihn ein.

Davids Jugend verlief ganz anders. Er war der jüngste von acht Brüdern und wurde schon als Kind losgeschickt, um die Herden seines Vaters Isai zu hüten. Wie es bei Jüngsten vorkommen kann, wurde er manchmal einfach vergessen. So zum Beispiel, als der hochberühmte und geachtete Priester Samuel nach Bethlehem kam, um dort ein bedeutendes Kultfest zu veranstalten. Isai als geachteter Mann im Ort spielte dabei eine wichtige Rolle und stellte dem Priester auch stolz seine sieben Söhne vor. Samuel sah sich wohlwollend alle an, aber keiner war der, den er suchte. Er fragte Isai, ob er denn nicht noch einen Sohn habe. »Ja, aber der Jüngste ist draußen bei den Herden.« Da musste Isai ihn rufen, und als Samuel den gut gewachsenen jungen Mann mit seinem rotblonden Schopf und den leuchtenden Augen sah, wusste er: »Der ist der Richtige!«, und goss kostbares Salböl auf seine Locken. Trotzdem musste David weiter Schafe hüten, denn er war ja noch sehr jung. Drei seiner ältesten Brüder waren mit dem Heer von König Saul in den Kampf gezogen, und als Isai seinem Jüngsten den Auftrag gab, ihnen Brot zu bringen und sich nach ihrem Ergehen zu erkundigen, nutzte David die Gelegenheit, mischte sich unter die Krieger und fragte sie nach allem aus, bis sein ältester Bruder ihn fand und ausschalt, er habe hier nichts zu suchen und solle schleunigst zurück zu seiner Herde. David ließ sich nicht einschüchtern: »Man wird doch wohl noch etwas sagen dürfen!«

Nun war König Saul manchmal depressiv. Als er wieder einmal seine Verstimmung hatte, dachten seine Diener, dass ihn vielleicht Musik aufheitern könnte, und einer erinnerte sich an David und sein Saitenspiel. So wurde David gerufen und spielte vor König Saul, und es ging ihm tatsächlich besser. Saul machte ihn zu seinem Waffenträger und behielt ihn bei Hof. Aber eines Tages, als David für ihn spielte, wurde Saul plötzlich wütend und warf seinen Spieß nach ihm, und David konnte nur knapp ausweichen.

Jonathan aber schloss David in sein Herz, kaum dass er ihn gesehen hatte, ja, er gewann ihn lieb wie sein eigenes Leben. Er stattete den Hirtenjungen aus mit seiner eigenen königlichen Kleidung und Rüstung, und die beiden schlossen einen Bund, der für ihr ganzes Leben dauern sollte. Auf Feldzügen fochten sie von da an Seite an Seite, und David hatte dabei immer Glück. Das machte König Saul so eifersüchtig auf Davids Ruhm, dass er laut darüber sprach, er werde David noch umbringen. Als Jonathan davon erfuhr, warnte er David, ging aber selbst zum König und stellte ihn deswegen zur Rede. Als Saul wieder davon anfing: »Er wird dir noch den Thron streitig machen«, widersprach Jonathan dem König: »Was hat er dir denn getan? Immer wieder setzt er sein Leben ein, erringt auch für dich Siege über unsere Feinde! Du kannst doch stolz auf ihn sein! Wie kommst du denn darauf, deine Ehre aufs Spiel zu setzen und ihn töten zu wollen?« Da ließ Saul sich besänftigen und versprach Jonathan, David zu schonen. Aber lange hielt das nicht an, denn wieder gab es Kämpfe, wieder siegte David, und das Volk pries ihn statt den König. Saul befahl einen Anschlag auf Davids Leben, und er musste fliehen. Aber Jonathan und David trafen sich trotzdem. Jonathan konnte David auch keine Antwort geben auf die Frage, was König Saul ihm eigentlich vorwerfe, er versicherte David aber, alles, was sein Vater Saul plane, werde er rechtzeitig erfahren und ihm sagen können. Da war David inzwischen nicht mehr so sicher. Saul wisse schließlich von ihrer Freundschaft. Nach einigem Hin und Her schlug David vor, sie sollten das testen. Ein dreitägiges Fest stand bevor, bei dem König Saul alle wichtigen Männer zum Mahl um sich versammelte. Da werde David nicht erscheinen, und wenn König Saul nach ihm frage, solle Jonathan die Auskunft geben, er habe bei ihm um Urlaub gebeten, um in seiner Heimat an einem wichtigen Fest teilzunehmen. Wenn Saul das ruhig hinnehme, stehe es gut zwischen ihnen, wenn er aber zornig würde, dann müsse er um sein Leben fürchten. Die Frage war nur, wie David vom Ausgang dieses Tests Kenntnis bekommen könnte, ohne dass Jonathan sich selbst in Gefahr bringen müsste. Da suchten sie einen Platz auf, auf dem Jonathan immer das

Pfeilschießen übte, und fanden eine Erhebung, hinter der David sich verstecken konnte. Je nachdem, wie sein Vater reagieren werde, wollte Jonathan dem Jungen, der seine Pfeile immer wieder einsammeln musste, den Befehl geben: »Näher bei mir!« oder »Viel weiter!«. Unter vielen Treueschwüren und Umarmungen trennten sie sich. Wie befürchtet, machte Saul eine große Szene daraus, dass David gewagt hatte, seinem Fest fernzubleiben. Am Morgen danach ging Jonathan hinaus auf den Übungsplatz und rief dem Jungen, der die Pfeile aufsammelte, nicht nur nach: »Viel weiter!«, sondern fügte noch hinzu: »Beeile dich!« David, der sich wie verabredet hinter dem Erdhügel verborgen hatte, verstand die Botschaft. Als der Junge mit den Pfeilen abgezogen war, umarmten sich Jonathan und David aber noch einmal, um sich zu verabschieden. David musste endgültig vor dem König fliehen, und die Folge war auch, dass das Kriegsglück Saul verließ. Schließlich unterlag Saul in einer Schlacht den Feinden, er selbst und Jonathan fielen.

Der Bote, der David diese Nachricht brachte, wurde nicht gut behandelt. Dann stimmte David ein bewegendes Klagelied an, in dem es heißt: »Es tut mir leid um dich, mein Bruder Jonathan, du warst mir so hold! Deine Liebe war mir köstlicher als Frauenliebe!«

Diese Totenklage ist noch nicht verklungen, gibt sie doch heute Männern, die Männer lieben, eine biblische Bestätigung dafür, dass es das gibt: eine Liebe, die für einen Mann mehr Wert hat als die Liebe von Frauen.

Die aussichtsloseste Liebesgeschichte: David und Michal

Sie war eine Prinzessin, er ein einfacher Mann aus dem Volk. Sie liebte ihn, aber ihre Liebe stand unter keinem guten Stern. David, der mit seiner Hirtenschleuder den Riesen Goliath erschlagen hatte, wurde ein erfolgreicher Krieger am Hof König Sauls. Von jeder Schlacht gegen die Philister kehrte er siegreich zurück. Aber jedes Mal, wenn David als strahlender Sieger wiederkam und das Volk ihm zujubelte (denn David sah noch dazu sehr gut aus), wurde König Saul auch neidisch, und er fürchtete um seine Macht.

Nun hatte Saul gemerkt, dass auch seine Tochter Michal David liebte. Das wollte er nutzen, um ihn zu verderben. Unter der Hand ließ er ihn über seine Erwägung informieren, dass er sein Schwiegersohn werden sollte. Aber David war sich des Standesunterschiedes bewusst und hatte auch seinen Stolz. Erneut sandte Saul ihm Boten: Natürlich müsse David, um dieser Ehre würdig zu sein, einen ganz besonderen Brautpreis zahlen, ihm nämlich einhundert Vorhäute von Philistern bringen. Bei diesem Unternehmen, glaubte Saul, werde David ohnehin umkommen, und damit wäre er ihn los. Hundert Vorhäute, das hieß, er musste hundert Philister umbringen oder sie zumindest fesseln. Damit weckte Saul aber nur Davids Ehrgeiz. Und weil er meistens Glück hatte, gelang ihm auch dieser Handstreich. Eine Schriftstellerin unserer Tage hat einen Roman über diesen »Brautpreis« geschrieben und sich vorgestellt, dass Michal, ein junges Mädchen, hinter einem Vorhang zusieht, wie David dem König kalt lächelnd diese unappetitlichen Trophäen vorzählt. Der Preis war gezahlt, und Michal wurde mit David verheiratet. David war berühmt, ihr Glück hätte also dauern können. Aber das Misstrauen König Sauls ruhte nicht. Als wieder ein Kampf gegen die Philister anstand und David auch ihn zu einem siegreichen Ende führte und heimkam, erwachten Neid und Zorn des Königs erneut. Er schickte ein Kommando zu Davids Haus, um ihn im Morgengrauen zu töten. Doch Michal hatte davon erfahren. Sie beschwor ihren Mann, sofort zu fliehen, um sein Leben zu retten, und ließ ihn durch ein Fenster in die Nacht hinaus. Um ihm Zeit zu verschaffen, legte sie eine Götterstatue mit Haaren in sein Bett, damit es so aussähe, als schliefe er. Und als Boten von Saul kamen, um ihn zu holen, gab sie vor, er sei krank.

Aber Saul in seiner Wut schickte seine Boten wieder hin, sie sollten ihn eben samt Bett zu ihm bringen. Da fanden sie denn, dass nur eine Götterstatue darin lag, und nun entlud sich Sauls Zorn auf seine Tochter: »Warum hast du mich, deinen Vater, betrogen und meinem Feind zur Flucht verholfen?« Aber Michal wusste sich zu verteidigen: »Er hat mich mit seiner Waffe bedroht, was blieb mir da anderes übrig?« Das war für lange Zeit das letzte Mal, dass Michal David sah.

König Saul fiel in einer weiteren Schlacht gegen die Philister. Als David mit den Resten der Truppen Sauls Friedensverhandlungen führte, verlangte er Michal zurück, schließlich habe er einen hohen Brautpreis für sie bezahlt. Aber nach Liebe klang dieses Verlangen nicht, eher nach Besitzanspruch, denn Michal war immerhin eine Königstochter. Abseits von all den Kämpfen vergingen diese Jahre für Michal ganz anders. König Saul hatte sie mit einem anderen Mann verheiratet, Paltiel, und obwohl der sie liebte und ehrte, hatte sie ihr Inneres vor Kummer verschlossen. Sie wurde nun Paltiel wieder weggenommen, weinend lief er neben ihr her, als sie weggebracht wurde.

Ein Nachspiel lässt ahnen, wie sehr die Jugendliebe der beiden erkaltet war. David feierte als neuer König ein großes Kultfest in Jerusalem und tanzte in der Prozession vor allen her, nur mit einem Hemd bekleidet. Als er davon freudestrahlend heimkehrte, empfing ihn Michal, ganz königliche Hoheit, aber mit Verachtung in der Stimme: »Du hast dich heute aufgeführt wie ein gewöhnlicher Bauer, halb nackt hast du vor allen deinen Untergebenen getanzt!« David wollte sich seine Freude nicht nehmen lassen: »Auch wenn du auf mich herabsiehst, das Volk, dem ich zugehöre, liebt mich so, wie ich bin, und schließlich bin ich nicht von deinen Gnaden, sondern aus eigener Kraft König geworden.« Darauf gab es für beide wohl nichts mehr zu sagen.

Die nahrhafteste Liebesgeschichte: Abigail und David

Die schöne Abigail war mit dem wohlhabenden Schafzüchter Nabal verheiratet worden. Er beschäftigte mehrere Hirten für seine Herden, die weit verstreut in der Steppe zu Weide und Wasser geführt werden mussten – eine wilde Gegend, in der sich auch räuberisches Gesindel herumtrieb, mit dem die Hirten ihre Mühe hatten, weil ihnen Tiere gestohlen wurden. Im vergangenen Jahr waren jedoch kaum Überfälle zu vermelden, denn in derselben Gegend waren auch David und seine Männer, die Gefolgschaft, die der junge Kriegsheld um sich versammelt hatte, nachdem er vor den Mordanschlägen König Sauls hatte fliehen müssen. David verjagte die Räuber, und so hatten Nabals Hirten in diesem Jahr keine Verluste zu beklagen. Nun nahte das große Schafschurfest, zu dem Nabal seine Herden und Hirten versammelte, und aus diesem Anlass wurde getafelt und getrunken. David sandte Boten zu Nabal: »Lade mich und meine Männer zum Fest, wir haben für dich auch viel getan.« Davon wollte

Nabal nichts wissen: »Was geht mich dieses hergelaufene Gesindel an!« Davids Bote wurde mit groben Worten abgefertigt. Diese Beleidigung ließ David nicht auf sich sitzen. »Greift zu den Waffen!« Seine vierhundert Mann setzten sich in Marsch, ein blutiges Gemetzel stand bevor. Abigail wurde zugetragen, was sich abgespielt hatte. Sie befahl einigen Dienern, mehrere Esel mit zweihundert Broten, zwei Schläuchen Wein, fünf gebratenen Schafen, hundert getrockneten Trauben und zweihundert Feigenkuchen zu beladen. Sie selbst schmückte sich mit ihrem Festgewand, und ohne dass Nabal etwas davon ahnte, brach sie zusammen mit der nahrhaften Eselkarawane eilig auf – David entgegen. Als sie ihn sah, stieg sie vom Esel, warf sich vor ihm zu Boden und rief: »Ich allein habe Schuld an dem, was man dir antat. Bitte höre mich an, achte nicht auf Nabal, er ist ein Narr, ich war nicht dabei, als dein Bote kam.« Mit diesen Worten wies sie auf die beladenen Esel und lud David und seine Männer zum Mahl. »So wahr Gott lebt und so wahr du lebst, David, Gott hat dich davon abgehalten, Blutschuld auf dich zu laden und dir selbst zu helfen. Du kämpfst nach deiner Berufung nicht für dich selbst, sondern du führst den Kampf Gottes. Und an dir wird nichts Böses gefunden. Darum wird Gott dich segnen und dich zum König machen.

Und an diesem Tag wirst du froh sein, dass du heute darauf verzichtet hast, deine Hände mit Blut zu beflecken. Gott selbst wird dafür sorgen, dass deine Feinde vor dir wie Nabals, wie Narren werden. Dich aber wird Gott schützen und dein Leben erhalten. Und wenn der Tag kommt, wirst du an mich, Abigail, denken.« David hat die Gabe wohlwollend entgegengenommen: »Gelobt sei der Gott Israels, der dich mir entgegengesandt hat. Gelobt sei deine Klugheit und gelobt seist du selbst, die du mich davon abgehalten hast, Blutschuld auf mich zu laden. Denn wirklich, wärest du nicht gekommen, ich hätte Nabal und all seine Leute noch diese Nacht erschlagen. Zieh in Frieden in dein Heim. Ich höre auf dich und bin dir wohlgesinnt.« Von Nabal unbemerkt, kehrte Abigail heim, und da er und seine Männer inzwischen betrunken waren, sagte sie nichts.

Abigail hatte die Rachegelüste Davids vertrieben, aber auch an eine andere Seite in ihm appelliert, an sein Sendungsbewusstsein. Sie verhinderte ein Blutbad, indem sie ihren Ehemann überging. »Wissen, wagen, wollen und schweigen« – eine treffende Umschreibung für die Haltung dieser starken Frau. Abigail war in dieser Geschichte nicht nur Friedensstifterin, sie hat David offensichtlich seine Berufung zum König bewusst gemacht, nach damaligem Verständnis etwas Heiliges. Sie wurde für ihn Muse, Hetäre und Prophetin. Die Erzählung unterstreicht dies, indem sie weiter erzählt, dass ihr Mann Nabal, nachdem Abigail ihm von seinem so knapp verhinderten Untergang berichtet hatte, kurz darauf starb. David aber hatte die Begegnung mit dieser ebenso schönen wie klugen Frau nicht vergessen. Als er vom Tode Nabals hörte, sandte er Boten zu Abigail und bat sie, seine Frau zu werden. Abigail folgte ihnen gern. Eine Legende erzählt von der Schönheit Abigails: Sie und David waren eines Nachts unterwegs in einem finsteren Tal, nicht einmal der Mond gab ihnen etwas Licht. Da bat David Abigail: »Entblöße deinen Busen, damit er uns leuchte.«

Die sündigste Liebesgeschichte: David und Bathseba

Mächtige Männer und schöne Frauen – das ist schon lange ein viel beachtetes Thema. David war König in Jerusalem. Zwar gab es immer noch unbotmäßige Städte, die belagert werden mussten, aber dafür hatte er seinen Heerführer Joab. Frauen zu seiner Unterhaltung hatte er auch mehr als genug, denn wenn man zu seiner Zeit Friedensbündnisse schloss, wurde das mit einer Eheschließung besiegelt. Als er nun in den Abendstunden die Kühle auf seiner Dachterrasse genoss, beobachtete er eine schöne Frau beim Baden. Die musste er unbedingt haben! Er ließ auskundschaften, wie sie hieß und wem sie gehörte. Bathseba war ihr Name, und sie war verheiratet mit dem Hethiter Uria, der in Davids Heer diente. Wie passend, dass der Ehemann nicht da war! Der König ließ Bathseba in seinen Palast bringen und stillte sein Verlangen nach ihr. Einige Wochen danach bekam er Nachricht von Bathseba: Sie sei schwanger. Das musste vertuscht werden, wozu war man König! David ließ Uria aus dem Feld kommen und plauderte mit ihm über den Stand beim Heer. Dann sandte er ihn nach Hause. Nun war es zu der Zeit üblich, dass Soldaten enthaltsam lebten, solange sie im Krieg waren, und der Hethiter Uria war so pflichtbewusst, dass er nicht einmal den unverhofften Urlaub nutzte, um zu seiner schönen Frau zu gehen. Als David davon erfuhr, versuchte er es noch einmal: Er lud Uria zum Essen ein und sorgte dafür, dass er betrunken war. Aber auch davon ließ Uria sich nicht von seiner Pflichttreue abbringen. Nun wurde es für David eng, denn er hatte keinen Vorwand, Uria länger in Jerusalem zu behalten. Da schrieb er einen Brief an Joab, den er Uria mitgab. Joab solle Uria beim nächsten Kampf dorthin stellen, wo es am gefährlichsten war, und ihn dann im Stich lassen. Joab führte den Befehl aus, und bei der nächsten Belagerung der Stadt wurde Uria getötet. Auch sonst gab es bei diesem Kampf Verluste. Nun war Joab nicht umsonst Davids Stratege. Er gab dem Boten, der David Bericht erstatten musste, den Auftrag: »Wenn der König zornig wird, sage ihm, auch der Hethiter Uria ist gefallen.« Tatsächlich wandelte sich Davids Zorn bei dieser Nachricht in Freundlichkeit: »Richte dem Feldherrn aus, dass er sich nichts aus der Niederlage machen soll, er soll nur mutig weiterkämpfen.« Sein Problem schien gelöst, und sobald Bathseba die vorgeschriebene

Trauerzeit hinter sich hatte, ließ David sie in seinen Palast holen und machte sie zu seiner Frau. So konnte sie in Ruhe ihre Schwangerschaft und die Entbindung abwarten, denn niemand wagte, Fragen zu stellen. Sie bekam einen Sohn.

Doch damit war die Angelegenheit für David noch nicht zu Ende. Eines Tages meldete sich sein weiser Ratgeber Nathan bei ihm und trug ihm einen Fall vor: »Ein reicher Mann mit vielen Schafen hatte einen armen Nachbarn, der nur ein Lamm hatte. Dieses Lamm hielt der Arme wie ein eigenes Kind, es schlief sogar in seinem Bett. Als sein reicher Nachbar nun einen Gast erwartete, tat es ihm leid, eines von seinen eigenen Schafen zu schlachten, er nahm dem armen Nachbarn das eine Lamm weg und setzte das seinem Gast vor.« Als David das hörte, war er rasch mit seinem Urteil fertig: »Dieser Mann gehört hingerichtet!« Da sah Nathan dem König in die Augen und sagte: »Du bist der Mann!« Und dann setzte er zu einer Scheltrede an, die David nicht schonte. Er wusste alles, was David mit Bathseba und Uria getan hatte. David musste sein Unrecht einsehen. Nathan kündigte ihm an, zur Strafe werde der Sohn Bathsebas sterben.

Einige Tage später wurde das Kind sehr krank. Keiner der Diener hatte den König je so viel fasten, weinen und beten gesehen. Er schlief draußen auf der Erde und war für niemanden zu sprechen. Vergeblich baten die Diener und die herbeigerufenen Ältesten ihn, sein Fasten zu brechen. Und als der Sohn Bathsebas sieben Tage später gestorben war, wagte niemand, das dem König zu sagen. Aber David erfuhr doch, dass das Kind tot war, und seine Umgebung staunte, dass er nun aufhörte zu fasten und wieder ein normales Leben anfing. Er ging zu Bathseba, tröstete sie und liebte sie erneut.

Als Bathseba wieder ein Kind erwartete und einen Sohn zur Welt brachte, nannte David ihn Salomo. Dieser Name erinnert an das hebräische Wort für Frieden, und David vertraute die Erziehung dieses Sohnes dem weisen Nathan an. Nathan, der dieses Kind ins Herz geschlossen hatte, war es dann auch, der in den Wirren um Davids Nachfolge – er war schon alt und bettlägerig, und ein Emporkömmling ließ sich schon zu seinem Nachfolger ausrufen – zu Bathseba ging. Bathseba solle zum König gehen und ihn daran erinnern, dass er ihr einst geschworen hatte, Salomo zu seinem Nachfolger zu machen. Tatsächlich hat David das von seinem Krankenlager aus und mit Hilfe von Nathan und einigen Priestern noch so geregelt. Aus einer Liebesgeschichte, die derart ungut begonnen hatte, ging dann doch der Sohn und König hervor, der bis heute wegen seiner Weisheit gerühmt wird.

Die bitterste Liebesgeschichte: Amnon und Thamar

Was Begehren und Liebe ist, lässt sich manchmal schwer unterscheiden, insbesondere junge Männer scheinen ihrem Trieb geradezu blind zu folgen. So war es bei Amnon, dem Erstgeborenen von König David. Er verliebte sich in die wunderschöne Thamar, obwohl sie seine Halbschwester war, denn David war ihr gemeinsamer Vater; sie hatten nur verschiedene Mütter. Vom Verstand her wusste er wohl, dass eine solche Verbindung unmöglich war, aber seine unerfüllbare Leidenschaft machte ihn ganz krank. Doch wie sollte er an die jungfräuliche Königstochter überhaupt herankommen? Nun hatte Amnon einen Freund, Jonadab, der war ein kluger Mann und wollte das Elend Amnons nicht mehr mit ansehen. Er dachte sich einen listigen Plan aus: »Leg dich ins Bett und stell dich krank, lehne jede Nahrung ab. Wenn dann dein Vater kommt, dich zu besuchen, so erkläre ihm, du werdest erst dann wieder etwas zu dir nehmen, wenn deine Schwester Thamar kommt und in deiner Gegenwart Herzkuchen für dich bäckt, die würdest du essen.« Gesagt, getan. David besuchte seinen Erstgeborenen und war erschüttert, in was für einem elenden Zustand er war. Und als Amnon ihm sagte, nur Thamars Herzkuchen werde er essen, aber die müsse sie in seiner Gegenwart zubereiten, ging David zu Thamar und bat sie, dies doch für ihren kranken Bruder zu tun. Als Thamar zu Amnon an sein vorgebliches Krankenlager kam, schickte der alle seine Diener hinaus und war auf einmal gar nicht mehr krank, sondern fiel über Thamar her. Vergebens versuchte sie, ihn zur Vernunft zu bringen: »Nicht doch, mein Bruder, entehre mich nicht; so etwas tut man doch nicht! Was soll denn dann aus mir werden? Und du selbst würdest doch auch deinem Ruf schaden!« Amnon in seiner Leidenschaft war keinem Argument zugänglich, sondern bedrängte sie weiter. In ihrer Not schlug Thamar ihm vor: »Dann rede doch wenigstens vorher mit dem König, vielleicht erlaubt er uns sogar die Verbindung.« Amnon aber war taub für alle ihre Tränen und Worte, und sosehr sie sich sträubte, er vergewaltigte sie. Kaum hatte er seinen Willen gehabt, erfasste ihn aber Ekel – nicht etwa vor sich selbst, sondern vor Thamar. Erbittert fuhr er sie an: »Mach, dass du fortkommst!« Noch einmal versuchte Thamar mit flehentlichen Bitten, zu Amnon durchzudringen: »Nicht doch, Bruder! Denn mich fortzujagen, das wäre ein noch größeres Unrecht als das andere, das du mir angetan hast.« Aber er wollte nicht auf sie hören, sondern rief seinen Diener und befahl: »Jage diese Frau aus meinem Haus und schließe die Tür hinter ihr!« Da zerriss Thamar ihre Kleider, streute sich Asche aufs Haupt und suchte Zuflucht bei ihrem Bruder Absalom. Der erkannte, was geschehen war, hatte aber nur einen schwachen Trost für sie: »Nimm es nicht so schwer, immerhin war es dein Bruder, vor allem aber sage niemandem davon, damit es keinen Skandal gibt.« Der König erfuhr trotzdem von Amnons Untat und war wütend auf ihn, aber weil Amnon sein Erstgeborener war und er eine Auseinandersetzung mit ihm scheute, wagte er es nicht, ihn deshalb zur Rede zu stellen. Nach Thamar fragte er nicht. Ihr Bruder Absalom dagegen sann auf Rache. Zwei Jahre lang wartete er auf eine günstige Gelegenheit, bis er bei einem Festgelage seinen Halbbruder Amnon töten lassen konnte. Er musste anschließend in die Heimat seiner Mutter fliehen. Als Davids Zorn über den Mord an seinem Erstgeborenen abgeklungen war und Absalom nach Jerusalem zurückkehren konnte, setzte er sich an die Spitze eines Putsches gegen David, bei dem er schließlich selbst umkam. Was aber aus Thamar wurde, darüber erfährt man nichts.

Die rätselvollste Liebesgeschichte: König Salomo und die Königin von Saba

Palastgeheimnisse sind bis heute sehr begehrt. Und was die offiziellen Mitteilungen nicht hergeben, wird im Interesse des Publikums fantasievoll ausgeschmückt. Sie geben doch auch ein wunderbares Paar ab: der ebenso weise wie reiche König Salomo und die schöne Königin aus einem sagenumwobenen reichen Land im Süden!

Salomo hatte von seinem Vater David ein großes Land geerbt und verstand es, das Reich durch seine kluge Politik und durch gute Handelsbeziehungen zum Wohlstand zu führen. Er ließ den berühmten salomonischen Tempel bauen und für sich selbst einen Palast. Seine Gerechtigkeit wurde sprichwörtlich, und er pflegte an seinem Hof auch die schönen Künste. Er selbst war ein gebildeter Philosoph und ein begnadeter Dichter, und einige sagten ihm sogar magische Künste nach. Sein Ruhm verbreitete sich über die Grenzen seines Landes hinaus. So hörte auch die Königin von Saba von ihm, die selbst über ein Land herrschte, dem man nachsagte, es sei geradezu paradiesisch. Auch gekrönte Häupter wünschen sich einen gleichrangigen Gesprächspartner, mit dem eine gebildete Unterhaltung möglich ist. Die Königin von Saba jedenfalls rüstete eine Karawane aus, ließ die Kamele mit Gold, Edelsteinen, Weihrauch und anderen Kostbarkeiten beladen und zog nach Jerusalem, um König Salomo zu besuchen und diesen weisen König kennenzulernen.

Es heißt, dass sie ihm Rätsel vorlegte, die er natürlich alle lösen konnte. Worum mag es dabei gegangen sein? Vermutlich doch um die großen Fragen des menschlichen Daseins, um Leben und Tod. Selbstverständlich wurde sie festlich bewirtet, speiste an der reich beladenen Tafel, beobachtete den Komfort eines gut geführten Palastes, und zum Besuchsprogramm gehörte auch die Besichtigung der prächtigen neuen Gebäude. Ihre großen Erwartungen wurden noch übertroffen. Sie war außer sich vor Bewunderung: »Man hat mir ja nur die Hälfte von dem berichtet, was ich nun mit eigenen Augen zu sehen bekomme!«

Selbstredend wurden auch Geschenke ausgetauscht. Sie ließ ihre mitgebrachten Reichtümer vor dem König ausbreiten, und er geizte natürlich auch nicht mit reichen Gaben. Sie bekam einfach alles, was sie haben wollte, bevor sie in ihr Reich zurückkehrte. So weit die offizielle Hofberichterstattung. Aber das kann doch nicht alles gewesen sein! Seit damals, und das ist nun fast drei Jahrtausende her, hält sich das Gerücht, dass die beiden auch ein Liebespaar geworden seien. Es ist doch auch eine schöne Vorstellung, dass zwei gebildete Menschen, die sich auf gleicher Augenhöhe begegnen, auch Zuneigung füreinander entwickeln. Und dass sie, statt über die Rätsel des Daseins nur miteinander zu sprechen, das wirkliche Rätsel, die Liebe, ergründeten, und das ganz praktisch. Das soll sogar Folgen gehabt haben. Die Königin von Saba habe einen Sohn von König Salomo geboren, und als der erwachsen war, habe er ihn in Jerusalem besucht. Noch bis ins 20. Jahrhundert hinein führten die Könige von Äthiopien ihre Dynastie auf diesen Sohn zurück, und ihr Thronname war »Löwe von Juda«. In Äthiopien wird bei Prozessionen bis heute die Bundeslade herumgezeigt, jene Lade aus dem Tempel von Jerusalem, die angeblich verschwunden ist, seit die Römer den Tempel zerstörten. Diese Lade habe König Salomo seinem Sohn mitgegeben.

Rätsel haben es offenbar an sich, dass sie immer neue Rätsel hervorbringen. Bis heute wetteifern der Jemen und Äthiopien darum, welches das Land Saba gewesen sei, aus dem die Königin kam. Bis heute wird die Königin bei Juden und Nichtjuden im Vorderen Orient und am Horn von Afrika verehrt, sind ihr Gebäude und Legenden gewidmet, und bis heute bemühen sich Archäologen vergebens, einen Beweis für ihre Existenz zu finden.

Bis heute auch bewundert man das »Lied der Lieder«, das König Salomo zugeschrieben wird, auch Hoheslied genannt, jene Sammlung poetischer Liebeslieder, die nirgends ihresgleichen haben. Danach hat der Dichter der Königin von Saba den Kosenamen Sulamith gegeben. »Ich bin die Narzisse in Saron, die Lilie in den Tälern«, singt sie, und er erwidert: »Wie die Lilie unter den Dornen, so ist meine Freundin unter den Mädchen.« Sie schwärmt: »Wie der Apfelbaum unter den Bäumen des Waldes, so ist mein Geliebter unter den Burschen. Mich verlangt, in seinem Schatten zu sitzen, und seine Frucht ist meinem Gaumen süß. Er führt mich in das Weinhaus, und des Hauses Fahne über mir war die Liebe. Er labte mich mit Rosinenkuchen, erquickte mich mit Äpfeln, denn ich bin krank vor Liebe. Seine Linke ruht unter meinem Haupte, und seine Rechte umfängt mich. Ich beschwöre euch, ihr Töchter Jerusalems, stört nicht auf, weckt nicht die Liebe, bis es ihr gefällt.« Am Ende heißt es: »Lege mich wie ein Siegel an dein Herz, wie einen Ring an deinen Arm. Denn stark wie der Tod ist die Liebe, Leidenschaft hart wie die Unterwelt; ihre Gluten sind Feuersgluten, ihre Flammen wie Flammen Gottes. Große Wasser können die Liebe nicht löschen, Ströme sie nicht überfluten. Gäbe einer auch all sein Gut um die Liebe, würde man ihn verachten?« Seit zwei Jahrtausenden geben diese Liebeslieder Juden und Christen unaufhörlich Rätsel auf: Sind sie eine Allegorie auf Gott und sein Volk, auf Christus und die Gemeinde, sind sie mystisch zu verstehen, gehen sie auf heidnische Kulte zurück oder sind es einfach Volkslieder für die Hochzeit? Doch trotz aller Bemühungen kann man sich nicht darauf einigen, wie man sie deuten soll.

Die von einem Engel eingefädelte Liebesgeschichte: Tobias und Sara

Es gibt Leute, die davon überzeugt sind, dass Ehen im Himmel geschlossen werden. Bei der folgenden Geschichte aus der Bibel scheint es tatsächlich so.

Der Vater von Tobias war ein ebenso wohlhabender wie frommer Handelsherr. Und fromm war er nicht nur in Gebet und Lebenswandel. Er bezahlte seine Angestellten gerecht, gab den Hungrigen zu essen und den Nackten Kleider. Vor allem gebot sein Glaube ihm auch, jedem Volksgenossen ein anständiges Begräbnis zu geben, selbst denen, die vom Herrscher hingerichtet worden waren und vor den Stadtmauern verwesen oder von Geiern gefressen werden sollten. Dieses Gebaren weckte den Zorn des Herrschers, und zur Strafe wurde er enteignet. Aber er ließ von seiner Frömmigkeit nicht ab. Als er wieder einmal solch einen Toten bestattet hatte, fiel ihm vor der Stadtmauer Vogelkot in die Augen, und er erblindete. In seinem Elend dachte er ans Sterben. Da rief er seinen einzigen Sohn Tobias zu sich. Den hatte er in großer Frömmigkeit erzogen, und er sagte ihm noch einmal alles, was er ihn schon gelehrt hatte. Vor allem sollte Tobias ihn und seine Mutter anständig beerdigen und nur eine Frau aus seinem Stamm heiraten. Schließlich kam er auf seine materielle Erbschaft zu sprechen. Sein Vermögen war zwar zusammengeschmolzen, aber bei einem Geschäftsfreund hatte er noch ein stattliches Guthaben, das sollte Tobias nun holen. Dazu müsse Tobias aber eine weite Reise unternehmen, und die solle er nicht allein antreten. Er solle zum Markt gehen und sich nach einem vertrauenswürdigen Mann umsehen, der den Weg kannte. Tobias war ein wohlerzogener Sohn und versprach dem Vater, alle seine Gebote treu zu befolgen. Als er zum Markt ging, traf er auch bald einen Mann, der den Weg kannte und bereit war, ihn mitzunehmen. Nachdem sein Vater sich davon überzeugt hatte, dass der Reisegefährte, der sich Asarja nannte, in Ordnung war, wurde dem Fremden für seine Dienste noch eine angemessene Belohnung versprochen, und Tobias wurde mit den besten Segenswünschen verabschiedet. Er solle nur so bald wie möglich zurückkehren.

Auf der Reise merkte Tobias bald, dass sein Reisegefährte Asarja ein kluger Mann war und mehr von der Welt wusste als er. Sie rasteten am

Tigris, und als Tobias in den Fluss stieg, um zu baden, sprang ein Fisch ihn an und drohte ihn zu fressen. Da rief Asarja ihm zu: »Pack ihn!« Und als Tobias den Fisch erfolgreich an Land geschleudert hatte, gebot Asarja ihm: »Schneide Herz, Leben und Galle heraus und wickle sie gut ein.« Tobias, der das Gehorchen gewohnt war, tat das. Sie zerlegten den Fisch, brieten ihn und aßen. Als sie weitergingen, fragte Tobias aber doch, wozu er diese Innereien vom Fisch denn mitnehmen sollte. Da belehrte Asarja ihn: Wenn man Herz und Leber des Fisches über einem Räucherwerk anzünde, dann könne man einen Menschen von einem bösen Geist befreien, und wenn man einem Erblindeten die Galle aufs Auge streiche, könne man ihm sein Augenlicht wiedergeben. Tobias ahnte natürlich nicht, wie bald er Herz und Leber brauchen würde. Als sie weiterzogen, eröffnete Asarja ihm, sie würden am Abend bei einem Freund übernachten, bei dem recht wohlhabenden Raguel, der eine einzige Tochter namens Sara habe. Er habe übrigens vor, mit Raguel über die Heirat von Tobias mit dieser Tochter zu verhandeln. Als Tobias das hörte, fuhr ihm der Schreck in die Glieder, denn die furchtbare Geschichte von Sara war weithin bekannt. Schon siebenmal war sie verheiratet worden, doch kein Bräutigam hatte die Hochzeitsnacht mit ihr feiern können, vielmehr fand man ihn am folgenden Morgen tot. Was musste Sara für ein Ungeheuer sein, was für ein Dämon in ihr hausen! Und gerade die sollte er heiraten? Da Tobias nun nichts Besseres einfiel, redete er sich heraus, er sei doch der einzige Sohn seiner Eltern, was für einen Kummer würde es ihnen bereiten, wenn er umkäme! Asarja aber ließ sich nicht beirren. Er ließ Tobias wissen, dass Sara schön und klug sei, von einer Abstammung, die auch seinem Vater gefallen würde, und zudem eine reiche Erbin. Ja, und einige Kinder werde sie mit Tobias auch bekommen. »Um den Dämon brauchst du dir keine Sorgen zu machen. Noch in dieser Nacht wird Sara deine Frau werden. Beachte nur genau, was ich dir sage.« Und dann bekam Tobias eine Belehrung über sein richtiges Verhalten in der Hochzeitsnacht, die mehr als ungewöhnlich war: Statt seine Braut zu umarmen und zu küssen, sollte er sie erst einmal gar nicht anrühren, sondern eine Räucherpfanne dabeihaben und in Gegenwart seiner Braut das Herz und die Leber des Fisches auf die Glut legen. Und auch dann war noch immer keine Umarmung angesagt, sondern erst einmal ein gemeinsames Gebet. Asarja versicherte ihm, dann werde der Dämon von Sara weichen. »Darum habe keine Angst«, schloss er seine Rede, »diese Frau ist dir von Ewigkeit her bestimmt, und darum bist du auch derjenige, der sie von ihrem Unglück befreien wird.« Vielleicht war es die bedeutende Rolle, die er spielen sollte, jedenfalls war Tobias auf einmal voller Mut und meinte, Sara schon jetzt zu lieben. Er sah der Begegnung mit ihr erwartungsvoll entgegen. Sara war denn auch die Erste, die sie vor Raguels Haus begrüßte. Raguel fiel gleich die Ähnlichkeit von Tobias mit einem Jugendfreund auf, und als er hörte, dass Tobias dessen Sohn war, begrüßte er ihn besonders herzlich, trauerte auch mit ihm über die Erblindung des Vaters. Für die Gäste wurde ein Festmahl vorbereitet.

Tobias aber war nun aufgeregt wegen Sara und wollte nichts essen, bevor Asarja mit Raguel die Frage der Heirat besprochen hatte. Raguel gab ihnen zu verstehen, dass kein Schwiegersohn ihm lieber sein könnte als Tobias, aber ob er denn auch wisse, wie es den sieben Männern ergangen war, die Sara bisher geheiratet hatten? Tobias zögerte aber keinen Moment, sondern bat Raguel sofort um die feierliche Eheschließung. Die wurde denn auch mit Segenssprüchen und sogar mit einem schriftlichen Ehevertrag besiegelt. Dann wurde festlich getafelt. Raguel bat danach seine Frau, Sara und das Brautgemach schon einmal für die Nacht herzurichten. Keine Braut war trauriger als Sara, und die Mutter konnte ihre Tränen nicht stillen. Was hatte Sara sich aber auch schon alles anhören müssen! Insbesondere die Mägde im Haus hatten sie verspottet: »Bist du denn von allen guten Geistern verlassen, dass du deine Männer erwürgst, statt mit ihnen die Freuden des Ehebetts zu teilen? So wirst du niemals Kinder bekommen!« Sie war nahe daran gewesen, sich aufzuhängen, und nur der Gedanke an ihre Eltern, deren einzige Tochter sie war, hatte sie davon abgehalten. Unter vielen Tränen hatte sie Gott gebeten, den furchtbaren Mordverdacht von ihr zu nehmen. Sollte sich denn nun alles zum achten Mal wiederholen? Tobias dagegen ging frisch ans Werk, wie sein Reisegefährte ihm empfohlen hatte. Als er ins Brautgemach geführt wurde, nahm er die Räucherpfanne mit, legte Leber und Herz des Fisches auf die Glut, und als der Dämon das riechen musste, verschwand er. Tobias brauchte auch wenig Überredung, seine Braut, die schon ausgekleidet auf dem Bett lag, zum Aufstehen und Niederknien zu bewegen, um mit ihr gemeinsam zu beten. Erst als das geschehen war, legten sie sich hin und schliefen miteinander. Der Brautvater Raguel aber hatte anderes zu tun. Er ging hinaus in den Garten, um schon einmal ein Grab auszuheben, weil er aus Erfahrung wusste, dass das wohl bald gebraucht würde. Gegen Morgen bat er seine Frau, dass eine

Magd doch einmal die Tür zum Brautgemach öffnen und vorsichtig hineinsehen sollte. Die Magd kam mit der Nachricht, dass die beiden friedlich schliefen. Da konnten die Brauteltern sich kaum fassen vor Freude. Ein Knecht musste hingehen und das Grab wieder zuschütten, alle anderen Knechte und Mägde mussten sofort mit der Vorbereitung eines vierzehntägigen Hochzeitsfestes beginnen, wie es noch keines gegeben hatte. Tobias aber wusste, wie sehr seine Eltern auf ihn warteten, und sein Reiseziel hatte er ja auch noch nicht erreicht. Daher drängte er zum Aufbruch. Raguel aber beschwor ihn, doch bis zum Ende der Feierlichkeiten zu bleiben, dann bekäme er zusammen mit seiner jungen Frau auch die Hälfte seines Vermögens, und den Rest natürlich nach seinem Tod.

Da bat Tobias seinen Reisebegleiter, an seiner Stelle zu dem Geschäftsfreund seines Vaters zu reisen und das Geld bei ihm abzuholen, er solle den auch gleich zu den Hochzeitsfeierlichkeiten mitbringen. So geschah es auch. Aber bis Tobias mit seiner Frau und ihrem ganzen Gefolge aufbrechen konnte, vergingen natürlich noch einmal einige Tage, und sie kamen auch langsamer vorwärts als vorher die beiden Männer. Den Eltern von Tobias kam die Wartezeit unerträglich lang vor, seine Mutter schalt ihren Mann, dass er ihn weggeschickt hatte, und setzte sich draußen auf die Straße, um ihn zu erwarten. Sie glaubte aber nicht mehr an seine Rückkehr, sondern hielt ihn schon für tot. Als Tobias näher an den Heimatort seiner Eltern herangekommen war, riet Asarja ihm, dass sie beide vorauseilen und das Haus für die junge Frau vorbereiten sollten. Tobias solle aber auch daran denken, die Galle von dem Fisch mitzunehmen. Die müsse er seinem erblindeten Vater auf die Augen reiben. So kam es denn, dass die Mutter ihren Sohn sah und ihrem Mann zurufen konnte, dass beide glücklich heimkehrten. Es gab ein Wiedersehen unter Tränen, und Tobias' Vater konnte auch wieder sehen. Mit offenen Armen wurde auch Sara aufgenommen, und noch einmal wurde mit Freunden und Verwandten Hochzeit gefeiert. Dann aber berieten Tobias und sein Vater sich und einigten sich schnell darauf, dass Tobias seinem Reisegefährten die Hälfte des ganzen Vermögens geben werde, das er mit dessen Hilfe erworben hatte, und sie riefen Asarja zu sich, um ihm zu danken und ihm die Vergütung zu überreichen. Kaum jemand kann sich ihr Staunen und Erschrecken vorstellen, als Asarja ihnen eröffnete, er sei gar kein Mensch, sondern der Erzengel Raphael, von Gott gesandt, um das Unglück Saras und des Vaters von Tobias zu heilen. Er, Raphael, zähle zu den sieben heiligen Engeln, die Gebete hören und sie vor Gott bringen. Und als er das gesagt hatte, entschwand er. Tobias und Sara führten eine glückliche Ehe und bekamen mehrere Kinder, und beider Eltern lebten noch lange genug, um sich an ihren Enkeln zu freuen.

Die heiligste Liebesgeschichte: Jesus und Maria Magdalena

Liebesgeschichten verdanken sich in erster Linie der Fantasie. Nun kann die Fantasie von verschiedenen Motiven genährt sein: von Angst und Neid, Sehnsucht und Eifersucht, tiefer Frömmigkeit, moralischer Verdammung oder solidarischer Einfühlung, und je nachdem ist eine Liebesgeschichte auch sehr verschieden gefärbt. Sieht man sich an, was von Jesus und Maria Magdalena erzählt wird, ist man zunächst verwundert, denn alle Fantasien nähren sich von nur drei Wörtern, dem »noli me tangere«, »rühre mich nicht an«, die Jesus als Auferstandener zu Maria Magdalena gesagt hat, als sie ihn in ihrer Freude, ihn lebend zu sehen, umarmen wollte. Da setzt die fromme Fantasie an: Wie konnte Maria Magdalena sich herausnehmen, den heiligen Mann überhaupt berühren zu wollen? Dass sie es nun, da er im Übergang in die Welt des Himmels war, nicht tun sollte, bedeutet doch wohl, dass sie es vorher gewohnt war, als er noch unter den Lebenden weilte? Großes Befremden bei allen, die in Jesus den Sohn Gottes verehren, der zwar ein Mensch wurde, aber ohne Sünde war. Und »ohne Sünde« bedeutet nach gängigem Verständnis vor allem: ohne die Begierden des Fleisches, also ohne Sex. Ein heiliger Mann sieht keine Frau an, er lässt sich von ihr auch nicht anrühren. Nun konnten die schriftgelehrten Männer aber nicht abstreiten, was in den Evangelien steht, dass Maria Magdalena den Auferstandenen als Erste gesehen hatte. Sie war Zeugin der Auferstehung und damit die Apostolin der Apostel. Sonst erfährt man von ihr nur, dass Jesus sie von sieben Dämonen geheilt hatte und sie ihm seither gefolgt war, und das bis unters Kreuz, ja sogar zu seinem Grab, um schließlich seinen Leichnam zu salben. Mitten in der heiligen Geschichte also eine Frau, die man nicht loswerden konnte! Um sie moralisch fertigzumachen, erfand man eine Liebesgeschichte mit negativen Vorzeichen: Danach waren Maria Magdalenas sieben Dämonen nichts anderes als die bösen Geister der Lust, der Prostitution. Sie hatte sich also der schlimmsten aller Sünden hingegeben. Davon hatte Jesus sie geheilt, und in seiner Nähe konnte sie nun nur als Büßerin leben. Diese Art, Maria Magdalena unschädlich zu machen, wurde durch männliche Autoren jahrhundertelang beibehalten und immer weiter ausgeschmückt. Man identifizierte sie zum Beispiel mit der stadtbekannten Hure, die eines Abends in das Haus eines frommen Mannes eindrang, bei dem Jesus zu Gast war. Sie wusch Jesu Füße mit ihren Tränen und trocknete sie mit ihren Haaren ab. Als der fromme Mann sich empörte, nahm Jesus sie in Schutz, und daraufhin galt die Verachtung für die Frau Jesus selbst. Er hätte doch als ein Gottesmann erkennen müssen, was das für eine Frau war, und verhindern müssen, dass sie ihn auch nur anrührte! Aber Jesus erklärte dem frommen Mann, diese Frau habe ihm viel Liebe gezeigt, und ihre Sünden seien ihr vergeben. Später fand man noch eine ehemalige Prostituierte aus Ägypten, die dann als Büßerin in der Wüste lebte, nur mit ihren Haaren bekleidet, auch die setzte man mit Maria Magdalena gleich. Das Muster blieb immer dasselbe: eine Frau, das bedeutete Hure. Eine Liebesgeschichte? Das schon, eben die Erzählung von einer bekehrten Sünderin, deren ganze Liebe nun ihrem Heiland gehört. Wie das aber mit solch fantasierten Geschichten ist: Sie wecken immer auch eine Gegenmeinung. So wurde Maria Magdalena in der Fantasie zu einer außerordentlich schönen, verführerischen Frau, wirklich »eine Sünde« wert. Maler des Mittelalters zeigen sie als reich gewandete Frau mit königlicher Frisur. Und da sie zum Grab gegangen war, um Jesus zu salben, wurde sie im Mittelalter sogar zur Heiligen des Kosmetikhandels. Unverdrossen wurde aber »die Sünde« bekämpft, es entstand der Orden der Magdalenerinnen, der die »gefallenen Mädchen« aufsammelte. (Die mussten dann dafür büßen, dass man ihnen Gewalt angetan hatte.) Immerhin erreichte man auf diese Weise, dass zwischen Jesus und Maria Magdalena eine unüberbrückbare Mauer aufgerichtet wurde. Die Literatur ist dieser Version bis ins 20. Jahrhundert gefolgt und hat ganze Romane über diese einstmals sündige und dann nur noch Jesus liebende Frau verfasst. Bis man ein verschollenes Evangelium fand, das sogar den Namen »Maria Magdalena« trägt. Darin ist zu lesen, dass Jesus Maria Magdalena sogar auf den Mund küsste und Petrus deswegen eifersüchtig war. Auf einmal bekam die Mauer der Moral Risse. War, wie man heutzutage meint, Jesus vielleicht doch ein wirklicher Mensch und damit ein Mann, der eine Frau liebte, wurde die ehemalige Hure seine Geliebte? Das Evangelium der Maria Magdalena erzählt freimütig von einer Eifersuchtsszene, die sich nach der Auferstehung abgespielt hat. Maria Magdalena hatte den Auferstandenen in einer Vision gesehen und gab an die Jünger weiter, was er ihr offenbart hatte. Da brauste Petrus auf und schalt sie eine Spinnerin und Träumerin, und das so heftig, dass Maria Magdalena in Tränen ausbrach und ein anderer Jünger sie gegen Petrus in Schutz nehmen musste. Das Evangelium will außerdem wissen, dass diese Frau »das All kannte«. Das ist ja nun das Gegenteil von einer gewöhnlichen Hure!

Frauen von heute erlauben sich eine ganz neue Version der Liebesgeschichte zwischen Jesus und Maria Magdalena. Nach dieser Vorstellung war Maria Magdalena diejenige, die Jesus im Unterschied zu allen männlichen Jüngern am besten verstanden hat, die seine Ideale und Träume intuitiv erfasste und die ihm daher so etwas wie eine geistige Freundin war. Wahrscheinlich war sie auch die Wortführerin der Frauen, die sich der Wanderkommune Jesu angeschlossen hatten, und vielleicht zählte sie auch zu den wohlhabenden Frauen, die ihn finanziell unterstützt haben. Sie könnte auch die Frau ohne Namen gewesen sein, die in Bethanien, wenige Tage vor seinem furchtbaren Ende, sein Haupt mit überaus kostbarem Öl salbte. Das Haupt salbte man seinerzeit einem König oder einem Bräutigam zur Hochzeit, und Christus bedeutet ja auch »der Gesalbte«. Sie hat diesem Ritus kein Wort hinzugefügt, und die männlichen Jünger murmelten empört, das Öl hätte man verkaufen und an Arme verteilen können. Jesus aber hat sie in Schutz genommen, sie habe ihn im Voraus für seinen Tod gesalbt, und man werde, wenn man seiner gedenkt, auch immer ihrer gedenken. Diese Szene würde zu der besonderen Beziehung zwischen Jesus und Maria Magdalena passen. Auch der Mut dieser Frau hob sie von den männlichen Jüngern ab. Während jene geflohen sind, als Jesus verhaftet wurde, und sich, als er zum Tod am Kreuz verurteilt wurde, ganz verkrochen, um nicht denselben Tod zu erleiden, was durchaus hätte passieren können, ist sie ihm zusammen mit anderen Jüngerinnen bis unter das Kreuz gefolgt und hat sein Sterben mit angesehen. Sie und einige der anderen Frauen waren es auch, die schließlich zum Grab gingen, um ihn einzubalsamieren. Nur der Evangelist Johannes berichtet die bewegende Szene, in der Maria Magdalena allein weinend am leeren Grab steht und Jesus zunächst für einen Gärtner hält, bis er sie beim Namen ruft. Da ruft sie jubelnd »Rabbuni«, mein Meister, und will ihn umarmen. Es spricht vieles dafür, dass sie neben Martha von Bethanien in der Urgemeinde zu den geistvollsten Verkündigerinnen Jesu und seiner Auferstehung gehörte, auch wenn die männlichen Apostel und ihre Nachfolger das bald nicht mehr wissen wollten. Was aber hat es nun auf sich mit der Liebesgeschichte – haben sie oder haben sie nicht? Das muss natürlich offen bleiben. Möglich ist aber doch folgende Fantasie: Es gibt wohl auch eine Liebe, die einer Seelenverwandtschaft gleichkommt, einer gemeinsamen Ergriffenheit, einer Hingabe an ein gemeinsames Ziel. Diese geistige Nähe mag sogar intensiver sein als körperliche Liebe, da genügen ein paar zarte Gesten, um dieser Nähe Ausdruck zu geben.

Zu der großen Bedeutung Maria Magdalenas in der Urgemeinde würde passen, was eine fromme Legende erzählt, dass sie mit anderen Anhängern Jesu aus Jerusalem vertrieben und auf dem Mittelmeer in einem Boot ausgesetzt wurde, das untergehen sollte. Auf diesem Boot kam sie aber wunderbarerweise bis nach Marseille und wurde dort eine begeisternde Missionarin. Südfrankreich jedenfalls bewahrt ihr bis heute ein ehrendes Andenken, und in der berühmten Wallfahrtskirche von Vezely sollen ihre Gebeine liegen. Mit Südfrankreich ist aber ein wichtiges Stichwort gefallen: Ende des 5. Jahrhunderts hat ein gewisser Chlodwig Römer, Alemannen, Westgoten und Burgunder besiegt und wurde zum Begründer des Merowingerreiches, dessen Reste erst Karl der Große im 8. Jahrhundert vereinnahmte. Chlodwig I. ließ sich von der römischen Kirche taufen und war damit einer der ersten christlichen Könige auf westeuropäischem Boden. Zum dynastischen Mythus der Merowinger aber gehörte die Überzeugung, sie seien Nachkommen von keinem Geringeren als Jesus und Maria Magdalena. Ja, die beiden sollen ein Paar und sogar verheiratet gewesen sein! Und es gibt Historiker, die wissen wollen, dass in Frankreich noch heute Nachkommen dieser Merowinger unter dem Namen Plantard leben. Die europäische Geschichte birgt also erstaunliche Geheimnisse, und die sind gerade deshalb so schwer zu ergründen, weil durch Krieg, Verfolgung und nicht zuletzt die Inquisition zahlreiche schriftliche Quellen vernichtet worden sind. Das können sich Schriftsteller heute zunutze machen. So hat zum Beispiel Dan Brown in seinem Roman »Sakrileg« und dem aus diesem Roman entwickelten Film »Der Da Vinci Code« das Publikum kürzlich mit noch einer Variante der Geschichte von Jesus und Maria Magdalena erstaunt und damit jedenfalls Millionen Dollar verdient. Er greift darin die Idee der Merowinger auf und verknüpft sie mit einem weiteren geheimnisvollen Motiv, dem Gral. Der Gral, von dem mittelalterliche französische Quellen und das Epos von Parzival erzählen, kann der Stein der Weisen sein, der Unsterblichkeit verleiht, aber auch ein Gefäß, das unerschöpflich erlesene Speisen und Getränke austeilt. Er kann aber auch der Kelch des letzten

Abendmahls sein oder der Kelch, in dem Josef von Arimathia die letzten Blutstropfen des Gekreuzigten auffing. Jedenfalls soll Josef von Arimathia diesen Kelch nach Westeuropa gebracht haben. Nur weiß niemand genau, wo er sich heute befindet, auch wenn einige unentwegte Forscher behaupten, ihn in alten Höhlenkapellen in den Pyrenäen gefunden zu haben. Was aber, wenn der Gral kein Gegenstand ist, sondern etwas Lebendiges, nämlich Maria Magdalena, die den heiligsten aller Samen empfangen hat? Das, so Brown, wäre dann doch das bestgehütete Geheimnis überhaupt, und nur Eingeweihte hätten es von Generation zu Generation weitergesagt. Zu diesen Eingeweihten habe ganz gewiss der geniale Leonardo da Vinci gehört, und der habe es sogar öffentlich gemacht – für alle, die Augen haben zu sehen. In seinem berühmten Fresko »Das Große Abendmahl« ist nahe bei Jesus, an ihn geschmiegt, sein Lieblingsjünger Johannes zu sehen. Dieser Jünger hat zweifellos feminine Züge. Der Jünger auf diesem Gemälde sei aber in Wahrheit kein Mann, sondern Jesu Frau – Maria Magdalena. Bis ins 21. Jahrhundert hinein regt die Geschichte von Jesus und Maria Magdalena also nicht nur die Fantasie an, sondern regt auch auf.

Bibelstellenverzeichnis

Adam und Eva: 1 Mose 2,7 bis 1 Mose 4,1–5
Göttersöhne und Menschentöchter: 1 Mose 6,1–4
Abraham und Hagar: 1 Mose 16; 1 Mose 21,1–21
Isaak und Rebekka: 1 Mose 24; 1 Mose 25,19–28; 1 Mose 27
Jakob und Rahel: 1 Mose 28,10–16; 1 Mose 29–33; 1 Mose 35,16–22
Dina und Sichem: 1 Mose 34
Josef und die Frau des Potiphar: 1 Mose 37; 1 Mose 39, 1–20
Mose und Zippora: 2 Mose 2 und 3; 2 Mose 4,1–26
Simson und Delila: Richter 13 und 16
Ruth und Boas: Das Buch Ruth
David und Jonathan: 1 Samuel 13 und 16; 1 Samuel 18, 1–16; 1 Samuel 19,1–7; 1 Samuel 20; 1 Samuel 31,1–7; 2 Samuel 1
David und Michal: 1 Samuel 17; 1 Samuel 18,17–30; 1 Samuel 19,11–17; 2 Samuel 3,12–16; 2 Samuel 6,14–23
Abigail und David: 1 Samuel 25,2–42
David und Bathseba: 2 Samuel 11 und 12; 1 Könige 1, 1–35
Amnon und Thamar: 2 Samuel 13; 2 Samuel 15 und 18
König Salomo und die Königin von Saba: 1 Könige 5; 1 Könige 10,1–13; Das Hohelied
Tobias und Sara: Das Buch Tobit
Jesus und Maria Magdalena: Matthäus 16,1–8; Matthäus 26,6–13; Matthäus 28,1–10; Markus 14,3–9; Lukas 7, 36–50; Lukas 8,1–3; Lukas 23,50–56; Lukas 24,1–11; Johannes 12,1–8; Johannes 20,1–18

Bibliografische Information der Deutschen Bibliothek
Die Deutsche Bibliothek verzeichnet diese Publikation in der Deutschen Nationalbibliografie; detaillierte bibliografische Daten sind im Internet über http://dnb.ddb.de abrufbar.

Postfach 80 06 69, 70506 Stuttgart

www.kreuzverlag.de

Umschlaggestaltung:
Bergmoser + Höller Agentur, Aachen
Umschlagbild: August Macke, Paar im Walde (1912)
Satz: de·te·pe, Aalen
Druck: GGP Media GmbH, Pößneck

ISBN 978-3-7831-2969-4